BER

AMSTERDAM

Por los colaboradores de la Editorial Berlitz

Octava edición (1989/1990)

Printed by Weber SA, Bienne.

Cómo utilizar esta guía

- Todas las indicaciones, sugerencias y consejos útiles que usted necesite, antes y durante su viaje, comienzan en la pág. 100.
- Para tener una idea básica general, lea los capítulos «Amsterdam y su habitantes» (pág. 6), y «Reseña histórica» (pág. 12).
- Los sitios de mayor interés turístico se hallan descritos desde la página 26 hasta la 61, incluyendo sugerencias para hacer excursiones y viajes de un día a partir de Amsterdam (de la pág. 62 a la 82). Los lugares más recomendados llevan nuestro símbolo de viajero Berlitz.
- Las compras, la vida nocturna así como otras distracciones se describen entre las páginas 83 y 92. Las informaciones sobre restaurantes y cocina se encuentran de la pág. 92 a la 99.
- Por último, el índice ocupa la parte final del libro, págs. 126–128.

Aunque hemos hecho todos los esfuerzos necesarios para asegurar la exactitud de las informaciones contenidas en esta guía, sin embargo los cambios se producen incesantemente. Por lo tanto, no nos hacemos responsables de los sucesos, precios, direcciones y, en general, de todas las circunstancias que están sometidas constantemente a alteraciones. Tenemos por principio poner al día nuestras guías cada vez que hacemos una reimpresión, y estaremos muy agradecidos a nuestros lectores si nos dan a conocer los errores, variaciones u omisiones importantes que hubiesen encontrado en ellas.

Texto: Vernon Leonard
Fotografía: Suki Langereis
Adaptación al español: José Gómez Ruiz
Maqueta: Doris Haldemann
Agradecemos muy sinceramente a la Sra. Marianne Bielders y al Prof. José Carasa la ayuda prestada en la preparación de este libro. Damos también las gracias a la VVV, Oficina de Turismo de Amsterdam, por su valiosa asistencia.

Cartografía: Falk-Verlag, Hamburgo.

Contenido

Amsterdam y su habitantes		6
Reseña histórica		12
Lo que hay que ver		26
	Sector Sudoeste	30
	Sector Noroeste	35
	Sector Central	43
	Sector Sudeste	48
	Museos	53
Excursiones		62
	Al lado del Zuyder Zee	63
	De un pólder al otro	68
	Haarlem y la huella de los tulipanes	73
	Leiden	74
	La Haya	75
	Delft	79
Lo que hay que hacer		83
	Compras	83
	Diversiones	87
	Festivales	90
	Deportes	91
Comidas y bebidas		92
Informaciones prácticas		100
Indice		126

Mapas y planos

	Amsterdam	24
	Excursiones desde Amsterdam	64
	La Haya	77

Amsterdam y sus habitantes

Amsterdam es una ciudad que siempre lleva la contraria. A un momento dado aparece como una imagen perfecta de tarjeta postal y en el minuto que sigue como una sonrisa pícara en un semblante.

La zona central es un extraordinario museo del siglo XVII, llamada a menudo la Venecia del Norte. Hileras y más hileras de casas con remate triangular se reclinan unas sobre otras con especial encanto a lo largo de una verdadera telaraña de canales bordeados de árboles. Las perspectivas de iglesias antiguas se prolongan más allá de los puentes levadizos, las estrechas calles adoquinadas y las miríadas de barcazas…

Pero ¿por qué se empeñan los habitantes de Amsterdam en conducir a mata caballo a través de su «museo»? ¿De-

sean verdaderamente reducir a añicos estas imágenes del siglo XVII?

Los domingos por la mañana Amsterdam parece una aldehuela inocente, tranquila y respetuosa, como un antiguo tapiz religioso. ¿Casas de mala fama aquí? ¡Qué absurdo!

Pero al día siguiente es de nuevo lunes y los habitantes han regresado para ganar dinero: descargando camiones enormes en calles imposibles; interrumpiendo la circulación rodada con ridículo desdeño; esquivando las hordas de bicicletas y de ruidosos *bromfietsen* (ciclomotores).

Proporcionando como una tregua en el tráfico, las campanas del Westerkerk tocan desde la más alta de las torres de iglesia de Amsterdam insospechadas melodías populares. El carillón de la Torre de la Mo-

Efecto surrealista de la personalidad desdoblada de Amsterdam.

neda lanza al aire su melodía, al igual que las campanas del Palacio Real situado en la Plaza del Dam. Por debajo, en medio de la multitud que va de compras, uno de los ocho organillos callejeros toca airosamente.

Ponga a tres amsterdaneses en una isla desierta, se dice, y formarán tres partidos políticos. Los habitantes de Amsterdam celebran ruidosas conversaciones en los bares. Desfilan con banderas como otros pueblos se cambian de calcetines. Muchas de las protestas holandesas empiezan o acaban en la Plaza del Dam de Amsterdam. Incluso un folleto publicado por el Ayuntamiento reconoce que de 700.000 amsterdaneses hay 699.999 que son tercos.

Ahora bien, saben sonreír para desear la bienvenida a los extranjeros. Si se les pregunta cómo ir a algún sitio no mostrarán el más mínimo resentimiento al comprobar que no se les habla en la difícil lengua holandesa.

Junto a Londres, París y Roma, Amsterdam es una de las ciudades turísticas más populares de Europa, sobre todo por el aspecto pintoresco de los canales situados en la zona central de la ciudad que nos hacen revivir la época de la Edad de Oro.

Esencialmente, es un museo vivo en el centro de una ciudad. A las 6 de la tarde no se queda vacío, pues numerosos

Las demostraciones pacíficas son parte de la vida de Amsterdam; la policía se armoniza con su época.

trabajadores regresarán de sus modernas oficinas y fábricas.

Y es así como las Autoridades lo quieren. Su aspecto de la Edad de Oro está protegido por la ley. Según el último censo, 7.000 edificios están clasificados como monumentos protegidos. Zonas residenciales completas del siglo XVII son restauradas.

Amsterdam es una extraordinaria mezcla: una capital sin gobierno (que se encuentra en La Haya a 40 minutos por carretera); una ciudad de canales y viviendas flotantes en la que, sin embargo, la bicicleta es reina; una meca del arte en la que el Rijksmuseum y la colección de Van Gogh rivalizan con el «barrio de mala fama», como principales atracciones turísticas; un emporio donde las elegantes y macizas residencias de las afueras contrastan con las tiendas de venta de objetos pornográficos del centro de la ciudad y de los bares dudosos; un deleite para los gastrónomos,

que pueden saborear desde los tradicionales arenques crudos hasta un *rijsttafel* indonesio.

En esta ciudad portuaria del siglo XVII viven juntas, en la más completa armonía, un centenar de nacionalidades.

Sin embargo, la grave escasez de alojamiento ha creado un pueblo entero de «squatters» (intrusos que ocupan ilegalmente viejos inmuebles), lo cual ha incrementado muchísimo la violencia en esta ciudad tolerante. Además, el problema de la droga con sus secuelas desastrosas ha alcanzado proporciones tremendas y los muros de la antes limpia ciudad de Amsterdam se ven pintarrajeados con letreros, pero se están dando pasos importantes para encontrar soluciones razonables y equitables.

Estatua del vivaracho Lieverdje. *«Mokum» es el apodo dado a Amsterdam. Abajo: la Herengracht.*

Reseña histórica

Los bátavos descendieron el Rin flotando en troncos de árboles huecos. Al menos así describe una evocadora leyenda la llegada de los primeros colonizadores.

Es posible que así fuera, puesto que los romanos registraron su presencia al lado del mar, así como la de otras tribus afines, incluidos los frisios, poco antes del nacimiento de Cristo. Más tarde, los francos, sajones y otras tribus germánicas se extendieron hacia el interior de la región durante las migraciones masivas de las poblaciones germánicas en el siglo V, anunciando así el comienzo de una era de barbarie.

Hasta bien entrada la Edad Media, los descendientes de

Panorama de Amsterdam en el año 1538 mostrando el corazón de la ciudad antigua, a vista de pájaro.

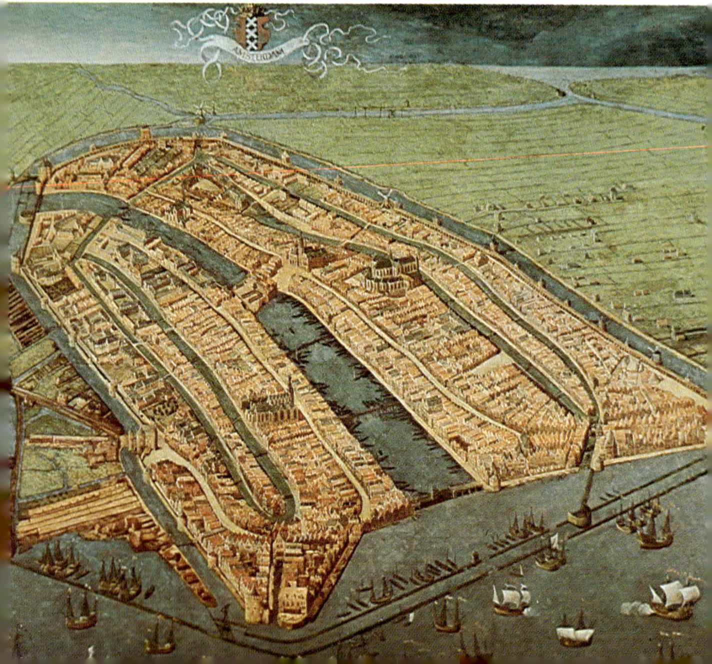

estas poblaciones apenas si se vieron afectados por los grandes acontecimientos que, lenta, pero seguramente, fueron forjando una nueva Europa, fuera del caos que se produjo a la caída del imperio romano. Carlomagno con su imperio llegó y pasó, pero las tierras conocidas bajo el nombre de Holanda continuaron siendo una amalgama de pequeños estados gobernados por condes, duques y obispos.

Un grupo, probablemente los marismeños de la región situada al norte del IJ*, se trasladaron a las tierras menos inundadas y vararon sus barcos en un banco de arena situado en el lugar en que el río Amstel desemboca en el IJ, y construyeron un dique sobre el río para no ser barridos por las mareas. A consecuencia del dique las cargas que llegaban por el mar tenían que ser transbordadas a los barcos que navegaban por el río, lo que constitutía una fuente adicional de ingresos para la comunidad local. La colonia fue conocida con el nombre de Amstelredamme.

En 1275, el conde Floris V de Holanda otorgó exención de impuestos y derechos de aduanas a los ciudadanos de la comunidad local y los amsterdaneses consideran esta fecha como la de fundación de la ciudad. El dique construido hace 700 años estaba situado exactamente en el mismo lugar en que hoy se encuentra la Plaza del Dam y el Palacio Real.

De pueblo de pescadores a metrópoli

Al principio, la expansión del pueblo de pescadores marismeños fue poco espectacular. Pero en 1345 un acontecimiento extraordinario produjo un cambio decisivo en la suerte de la pequeña comunidad. La hostia consagrada que un hombre enfermo había tratado de tragar inútilmente no ardió en la chimenea. El suceso fue considerado como un milagro y Amsterdam se convirtió en lugar de peregrinación para los cristianos de la Edad Media.

Después prosperó el comercio. El puerto fue utilizado por un número creciente de barcos procedentes de lugares lejanos: del Báltico, Francia, Inglaterra, la navegación pasaba por delante de la isla septentrional de Texel y descendía el poco profundo Zuyder Zee para llegar a Amsterdam, fondeadero seguro.

* Una larga y ancha ensenada del Zuyder Zee. (IJ tiene el valor de una letra simple y su pronunciación es parecida a «ai».)

Un siglo después, en 1452, la ciudad de madera fue casi totalmente destruida por un incendio y debido a ello se impuso la obligación de construir con ladrillos.

A principios del siglo XVI Amsterdam tenía 2.000 casas y 15.000 habitantes. Durante los 50 años siguientes casi triplicó su tamaño. El elemento más significativo en el rápido crecimiento que se produjo en el siglo XVI fue el espíritu general de rebelión contra la dominación española. Mientras que la mayor parte de los Países Bajos obraba según las estrictas normas extranjeras, Amsterdam se mantuvo neutra durante bastante tiempo dando lugar al establecimiento de un considerable número de refugiados, a menudo de talento (como los diamantistas de la ciudad de Amberes asolada por los españoles).

Bajo el yugo español

Después de siglos sin pertenecer a nadie, salvo a ellos mismos, una gran parte de los Países Bajos (hoy día Holanda y Bélgica) cayó, a principios del siglo XV, bajo la dominación de los bravos borgoñones, cuyos poderosos duques legaron su nombre a una región vinícola francesa. En 1506, como consecuencia de una serie

Van der Velde Incendio de la flota inglesa en Chatham *momento de predominio del siglo XVII.*

de tratados e intrigas, casamientos y fallecimientos, estos territorios pasaron a formar parte de la herencia que, con el tiempo, estableció a Carlos, duque de Borgoña (un habsburgo), como Emperador del Sacro Imperio Romano y Rey de España, soberano de un reino en el que «no se ponía el sol».

Si bien Carlos V había nacido en Flandes, España era el corazón de su imperio. Mostró poca simpatía por sus lejanos súbditos neerlandeses, cuya creciente riqueza los convertía en el blanco de pesados impuestos. Sobre todo, Carlos se opuso apasionadamente a las pretensiones presentadas por la Reforma a la Iglesia, al papado y a las normas católicas. La Reforma se había extendido al exterior de Alemania para enraizarse con firmeza en el norte, Holanda y parte de las provincias neerlandesas de España, y en un intento de extinguir la infección, Carlos introdujo la Inquisición en la década de 1520.

El sucesor de Carlos V, su hijo Felipe II de España, con-

tinuó la política antirreformista de su padre con mayor intensidad. En 1567 envió a Holanda al despiadado duque de Alba con la misión de asentar la cuestión religiosa y de establecer una dictadura militar.

Lucha por la independencia

Empezaba una era de terror y de torturas, un período de guerra que duró 80 años. Por cima de la resistencia destaca el pensador liberal y cabeza espiritual de los rebeldes holandeses, el príncipe Guillermo (apodado el Taciturno) de la Casa de Orange*, fundador de la dinastía que ha reinado en Holanda como *stadhouder* (gobernador) o monarca, prácticamente desde entonces. Su causa siguió ganando ímpetu, especialmente después de la brutal matanza, en 1572, de los protestantes hugonotes en Francia.

Mientras la violencia se desencadenaba por todo el país y muchas ciudades – entre ellas Alkmaar, Haarlem y Leiden – eran víctimas de la dureza de los combates, o bien de asedios u ocupaciones, Amster-

* Los antepasados de Guillermo procedían del antiguo pequeño principado de Orange, situado al norte de Aviñón en el valle del Ródano. El mismo había heredado vastos estados en Holanda, lo que explica su participación en la lucha.

dam permaneció fiel al rey de España hasta 1578 en que se declaró en pro de la causa que preconizaba la liberación de la dominación española.

En 1579, las siete provincias de mayoría protestante situadas al norte del Rin (llamadas Provincias Unidas) firmaron el Tratado de Utrecht y poco después la ruptura entre las provincias septentrionales y meridionales fue definitiva. En el sur (donde muchos de los habitantes eran walones de lengua francesa), incluso los católicos se habían unido a la resistencia contra la tiranía de los españoles. Sin embargo, el ejército español había conseguido mantenerse en estas zonas, y la consecuencia a largo término de la ruptura norte-sur fue la existencia de la actual separación entre Holanda y Bélgica. Entre tanto, antes de que fuera asesinado en 1584, Guillermo se había convertido en el padre de la independencia de Holanda al mismo tiempo que Isabel de Inglaterra desafiaba también a la España de Felipe II. La lucha fue brillantemente proseguida por sus dos hijos, Mauricio y Federico Enrique.

Más tarde fueron conquistados otros territorios en el sur y sudeste, y cuando se firmaron los tratados de La Haya y Westfalia en 1648, marcando el final de la Guerra de Treinta Años en Europa, Holanda fue reconocida internacionalmente como Estado independiente, casi con el mismo territorio que tiene hoy día.

La Edad de Oro

Pero incluso antes de que los neerlandeses se liberaran de la dominación española, la Edad de Oro holandesa empezó a retoñar. Al principio del siglo XVI los holandeses ya habían dado a la Europa septentrional el más grande representante del Renacimiento: Erasmo. La habilidad combinada de los comerciantes, hombres de ciencia, artistas y artesanos, nativos y emigrantes, logró crear un clima tan fértil que una realización era seguida de otra hasta hacer del siglo XVII uno de los más gloriosos de la historia de Holanda.

A finales del siglo XV Lisboa se convirtió en un emporio de los productos indios. No contentos con comerciar en el Báltico, los mercantes holandeses empiezan por comprar estos productos y los transportan en dirección de Europa septentrional donde los venden con beneficios considerables. Pero esto no debía ser más que un paso (motivado por la conquista de Portugal por España) que serviría de pretexto para prolongar sus viajes y traer por sí mismos las mercancías desde el Extremo Oriente. Como aumentaba la competencia y los beneficios disminuían, los propietarios de barcos de Amsterdam decidieron formar la Compañía de las Indias Orientales *(Verenigde Oostindische Compagnie,* o *VOC),* que aseguró el monopolio del comercio con todos los países situados al este del Cabo de Buena Esperanza. Rápidamente se convirtió en una de las más poderosas organizaciones comerciales que el mundo había conocido hasta entonces. En su apogeo la VOC poseía 150 buques mercantes, 40 barcos de guerra y 10.000 soldados. Bajo su bandera navegaron algunos de los más famosos héroes de la marina holandesa. El dividendo pagado por la compañía era del 40 % y Amsterdam fue el accionista más influyente e importante.

La base principal de la VOC en el extranjero era Batavia (ahora Yakarta) en Java, aun cuando Enrique Hudson fue enviado desde Amsterdam en búsqueda de una nueva ruta para llegar a China. En lugar de ello, exploró en 1609 el río que lleva su nombre y Nueva Amsterdam, precursora de Nueva York, fue fundada como ciudad holandesa en la hasta entonces desconocida isla de Manhattan.

Los navegantes holandeses de la VOC fueron los primeros hombres blancos que desembarcaron en Australia, 150 años antes que el capitán Cook. Abel Tasman exploró gran parte de la costa y descubrió Tasmania, Nueva Zelanda y las islas Fidji.

Jan van Riebeeck creó una estación de avituallamiento y asistencia médica en la Ciudad del Cabo. Ceilán fue colonizada, al igual que algunas regiones del Brasil y el Caribe. A la altura de Nagasaki, la factoría holandesa fue la única autorizada a comerciar con el Japón durante los 200 años de aislamiento del Sogún.

Si bien el comercio con el Extremo Oriente fue muy atractivo y lucrativo, el europeo siguió siendo incluso más importante y se encontraba en gran parte en manos holandesas.

Los resultados de la empresa

Todo esto trajo una riqueza enorme a Holanda (cuya población apenas sobrepasaba un millón de habitantes) y una gran parte de la misma a Amsterdam, que poseía el 50% del total del comercio holandés.

Amsterdam se convirtió verdaderamente en el primer puerto y mercado del mundo y, con sus 200.000 habitantes desbordaba de sus límites.

Con la extensión del comercio y la industria, se alcanzó también un desarrollo impresionante de las artes, especialmente de la pintura. Esta fue la época de Rembrandt, Frans Hals, Vermeer, Jan Steen y Paulus Potter, para nombrar sólo algunos.

En esta misma época, los hombres de ciencia y los militares holandeses conquistaron la admiración y el respeto del mundo. Antonie van Leeuwenhoek inventó el microscopio. Los cursos de medicina de Herman Boerhaave atrajeron a estudiantes de todos los países de Europa. El príncipe Mauricio, hijo de Guillermo el Taciturno, desarrolló una nueva y perfeccionada táctica militar que después se extendió por todo el continente.

Su potencia marítima la condujo a una rivalidad con Inglaterra, que se manifestó en una serie de guerras entre ambos países. En la segunda guerra anglo-holandesa de 1665–1667, Inglaterra estuvo a punto de doblar la rodilla cuando el gran héroe de la mar, el almirante de Ruyter, produjo pánico en Londres al remontar el río Medway e incendiar los navíos que se hallaban en Chatham, regresando después a su patria remolcando en triunfo el buque almirante

La presencia indonesia y caribe es un testimonio demasiado evidente del pasado colonial holandés.

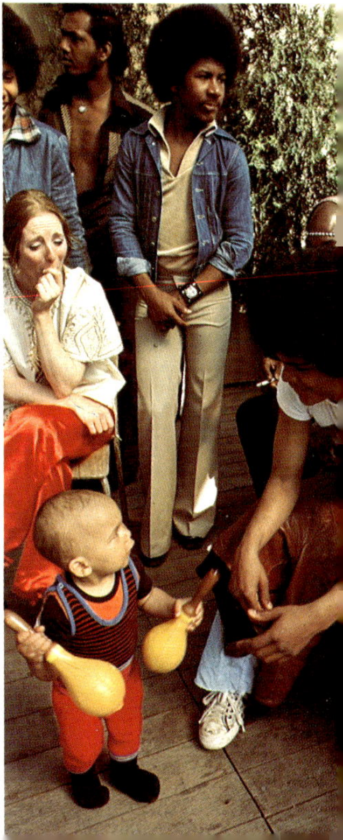

Royal Charles (parte de su decoración de popa puede ser vista en el Rijksmuseum).

Decadencia

Pero la energía dinámica del siglo XVII comenzó a debilitarse y el siglo XVIII fue un período descendente.

En 1776, la rebelión de las colonias británicas de América del Norte halló en Holanda un aliado útil. Por intermedio de Amsterdam, los comerciantes les suministraban, a través de la isla holandesa de San Eustasio en el Mar del Caribe, cuantos equipos y municiones necesitaban.

Inútil es decir que tales actividades encolerizaron a los ingleses y que la guerra anglo-holandesa de 1780, en la cual el dominio de la mar por los británicos se hizo sentir, sonó el toque de difuntos para las que otrora fueran poderosas compañías mercantiles holandesas. La prosperidad de Amsterdam empezó a declinar. Finalmente, en 1795, los ejércitos de Napoleón invadieron las Pronvincias Unidas y la Edad de Oro pasó definitivamente a la historia.

Los años de dominación francesa fueron pobres en lo concerniente a las actividades comerciales. Luis Bonaparte, hermano menor del emperador, fue proclamado Rey de Holanda y convirtió el Ayuntamiento de la Plaza del Dam en su propio palacio (algunos de sus muebles pueden ser vistos todavía en el palacio – véase pág. 58). Ahora bien, en 1810 huyó de la ciudad durante la noche.

Holanda perdió entonces cuanto se parecía aún a la independencia y fue anexada a Francia. La inquietud holandesa fue en aumento y el grito de *Oranje boven!* (¡Arriba la Casa de Orange!) volvió a oírse de nuevo. En 1813, al empezar a palidecer la estrella de Napoleón, el exiliado príncipe Guillermo de Orange fue proclamado primer rey del país.

Desarrollo de una nación moderna

Con el establecimiento de la nueva monarquía nació la Holanda moderna.

El siglo XIX fue de grandes progresos locales para Amsterdam, más bien que de brillo internacional como en el pasado. Primero hubo que poner un término a la crisis económica, y a continuación vinieron simultáneamente las ventajas y los inconvenientes de la revolución industrial.

Se construyeron grandes zonas de viviendas, así como museos y centros de instrucción y de representaciones artísticas.

En esta misma época se asentaron las bases del sistema holandés de seguridad social y en la industria del diamante, por ejemplo, se formó un sindicato que, según se dice, sirvió de modelo al sindicalismo moderno.

Para reactivar el puerto de Amsterdam, fue profundizado el Canal del Norte de Holanda, desde Den Helder, y el aún más importante Canal del Mar del Norte desde IJmuiden en la costa.

¿Holanda o Países Bajos?
Para un holandés, la palabra Holanda no significa toda la nación. La llaman: Países Bajos.

Holanda Septentrional (que incluye Amsterdam) y Holanda Meridional (que incluye la Haya y Rotterdam) no son sino dos provincias de las once que cuenta el país.

Las nueve restantes son: Brabante Septentrional, Drenthe, Frisia, Groninga, Güeldres, Limburgo, Overysel, Utrecht y Zelandia.

El siglo XX

Después de la Primera Guerra Mundial, en la que Holanda permaneció neutral, se llevaron a cabo progresos espectaculares en lo relativo a recuperación de tierras cubiertas por la mar: en los decenios de 1920–1929 y 1930–1939, el viejo dique de marea del Zuyder Zee fue transformado en un lago de agua dulce gracias a la construcción de un dique (Afsluitdijk) de 30 Km y ser aspirada parcialmente el agua para rescatar nuevas tierras.

Durante la Segunda Guerra Mundial, Holanda no tuvo tanta suerte. A pesar de sus declaraciones de neutralidad fue invadida por las fuerzas del Reich en la primavera de 1940. Siguieron cinco años de opresión. No obstante una valerosa huelga llevada a cabo por los estibadores holandeses en 1941, la mayor parte de los judíos de Amsterdam fueron deportados. El invierno de 1944–1945 fue casi de inanición en Amsterdam y el norte, después de haber sido detenido el avance aliado. La heroica decisión del pueblo holandés de sobrevivir como una nación independiente fue sostenida por los retos que, desde Londres, fueron lanzados por radio por la reina Guillermina, quien había huido a Inglaterra.

Las devastaciones de la guerra y la reducción de Holanda a una modesta nación comercial europea privada de su antigua colonia de las Indias Orientales, produjo un deseo de trabajar para recuperarse en los años de postguerra.

Además de desarrollar en el interior de su propio país un sistema muy avanzado de prosperidad, los holandeses de la postguerra han sido firmes partidarios del movimiento por la integración europea bajo la forma del Mercado Común. Han sustituido también su antigua confianza en la neutralidad por su adhesión a la OTAN. Su economía es floreciente y el florín es ahora una de las monedas más fuertes de Europa.

Sin embargo, toda esta seguridad y prosperidad no les ha hecho dormirse en sus laureles. Una cosa es cierta, si conoce al amsterdanés: comerciante infatigable, aventurero de corazón, es la persona que no permanece inactiva mucho tiempo.

El modelo de los canales de Amsterdam es igual desde la Edad de Oro.

Los frontispicios y sus insignias
En Amsterdam mire los edificios antiguos para ver los *gevelstenen* (piedras de los frontispicios) que datan de antes de la ocupación francesa en 1795.

Las piedras de los frontispicios eran en sí un verdadero lenguaje pictórico que indicaba el nombre del propietario, su ciudad de origen, creencias religiosas o, más corrientemente, su profesión.

Una cabeza de buey sigue adornando la casa de Nieuwendijk 406, recordando a un antiguo propietario que era negociante de cueros. Algunas otras piedras representan escenas de la ciudad y corderos, herreros y transportistas de granos, y en Gravenstraat un hombre bostezando, símbolo tradicional de los farmacéuticos.

Este sistema de direcciones de Amsterdam molestaba a los franceses, quienes fueron los que numeraron las casas en cada calle.

Los frontispicios (izq.) eran placas de dirección para las casas ricas. Los comerciantes adornaban sus residencias con escalinatas, frontones o campaniles (der.) para realzarlas.

Sector Sudoeste
Sector Noroeste
Sector Central
Sector Sudeste
1 Ned. Centrum voor Ambachten
2 Ronde Lutherse Kerk
3 St.-Nicolaaskerk
4 Schreierstoren
5 Anne Frankhuis
6 Westerkerk
7 Museum Amstelkring
8 Beurs
9 Oude Kerk
10 Nieuwe Kerk
11 Koninklijk Paleis
12 Nationaal Monument
13 Waag
14 Montelbaanstoren
15 Nederlands Scheepvaartmuseum
16 Zuiderkerk
17 Amsterdams Historisch Museum
18 Begijnhof
19 Madame Tussaud
20 Rembrandthuis
21 Rastro
22 Mozes en Aäronkerk
23 Portugees-Israëlitische Synagoge
24 Hortus Botanicus
25 Bloemenmarkt
26 Munttoren
27 Museum Willet Holthuysen
28 Zoológico
29 Stadsschouwburg
30 Theater Carré
31 Tropenmuseum
32 Rijksmuseum
33 Vincent van Goghmuseum
34 Stedelijk Museum
35 Concertgebouw
36 Fonografisch Museum
Metro
JORDAAN
Lindengracht
Lindenstraat
Noordermarkt
Brouwersgracht
Nassaukade
Marnixstraat
Westerstraat
Anjeliersstraat
Tuinstraat
Egelantiersstraat
Nieuwe Leliestraat
Bloemgracht
Bloemstraat
Rozengracht
Rozenstraat
Lauriersstraat
Lauriergracht
Elandsstraat
Elandsgracht
Lijnbaansgracht
Looiersgracht
Westermarkt
Prinsengracht
Keizersgracht
Herengracht
Singel
Leliegracht
Raadhuisstraat
Reestr.
Hartenstr.
Berenstr.
Wolvenstr.
Runstr.
Huidenstr.
Paleisstr.
Spuistraat
Nieuwezijds Voorburgwal
Kalverstraat
Rokin
Dam
Spui
Heiligeweg
Singel
Reguliersdwarsstraat
Leidsegracht
Singelgracht
Korte Leidsedwarsstraat
Lange Leidsedwarsstraat
Kerkstraat
Nieuwe Spiegelstraat
Vijzelstraat
Vijzelgracht
Weteringschans
Weteringplein
Spiegelgracht
Stadhouderskade
Overtoom
Vondelstraat
Helmersstraat
Den Haag
Zandpad
Vossiusstraat
P.C. Hooftstraat
Jan Luijkenstraat
Hobbemastraat
Van Baerlestraat
Paulus Potterstraat
Museumstraat
Museumplein
Vondelpark
Van Eeghenstraat
Willemsparkweg
Quellijnstraat

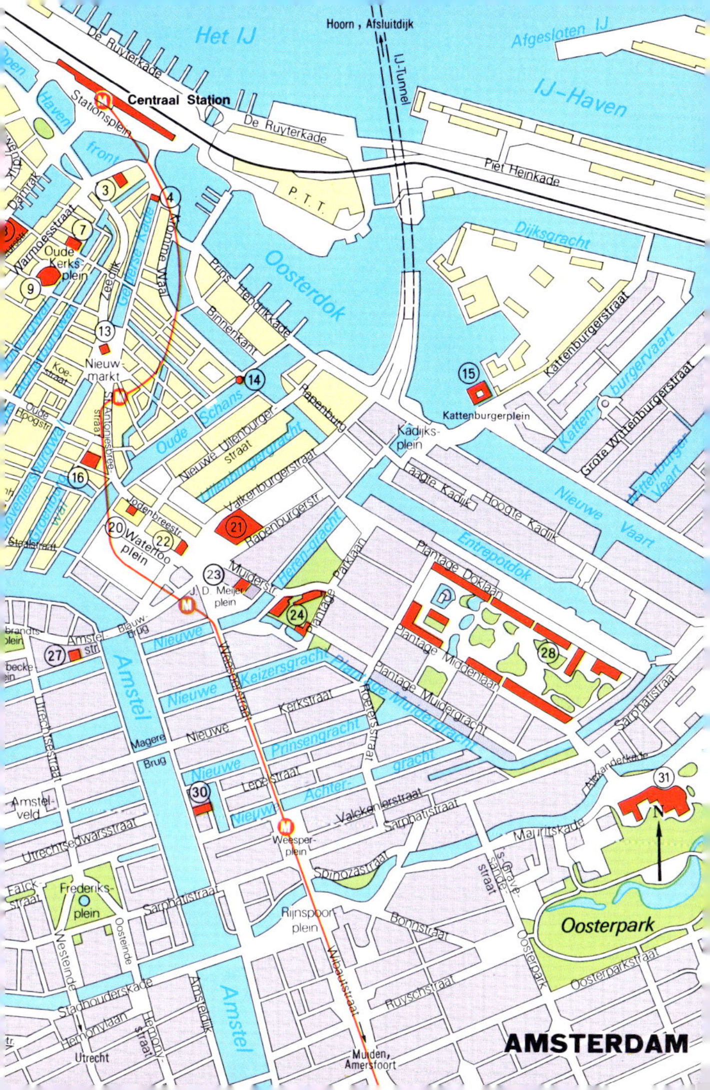

Het IJ
Hoorn, Afsluitdijk
Afgesloten IJ
IJ-Haven
IJ-Tunnel
De Ruyterkade
Centraal Station
Stationsplein
Piet Heinkade
P.T.T.
Dijksgracht
Oosterdok
Prins Hendrikkade
Binnenkant
Kattenburgerstraat
Kattenburgerplein
Kattenburgervaart
Grote Wittenburgerstraat
Wittenburger Vaart
Nieuwe Vaart
Kadijksplein
Laagte Kadijk
Hoogte Kadijk
Entrepotdok
Rapenburg
Damrak
Warmoesstraat
Oude Kerksplein
Zeedijk
Geldersekade
Kromme Waal
Nieuwmarkt
Koestraat
Oude Hoogstr.
St. Antoniesbreestraat
Oude Schans
Nieuwe Uilenburgerstraat
Uilenburgergracht
Valkenburgerstraat
Rapenburgerstr.
Jodenbreestr.
Waterlooplein
J. D. Meijerplein
Muiderstr.
Herengracht
Plantage Parklaan
Plantage Doklaan
Plantage Middenlaan
Plantage Muidergracht
Blauwbrug
Amstelstr.
Amstel
Nieuwe Keizersgracht
Weesperstraat
Kerkstraat
Roetersstraat
Nieuwe Prinsengracht
Magere Brug
Utrechtsestraat
Nieuwe Achtergracht
Lepelstraat
Valckenierstraat
Sarphatistraat
Alexanderkade
Mauritskade
Amstelveld
Utrechtsedwarsstraat
Weesperplein
Spinozastraat
's-Gravesandestraat
Falckstraat
Frederiksplein
Oosteinde
Westeinde
Rijnspoorplein
Bonnstraat
Oosterpark
Oosterparkstraat
Wibautstraat
Ruyschstraat
Stadhouderskade
Hemonylaan
Hemonystraat
Amsteldijk
Utrecht
Muiden, Amersfoort
N
AMSTERDAM
3 4 7 9 13 14 15 16 20 21 22 23 24 27 28 30 31

Lo que hay que ver

Para la persona que viene por primera vez, todo puede parecer bastante confuso. Un laberinto de canales, todos aproximadamente del mismo tamaño, todos bordeados de árboles, todos estrechamente apretados entre numerosas casas con tejados puntiagudos.

Pero haga una pausa y dé un vistazo al plano que figura en las páginas 24 y 25. El centro de Amsterdam es como una herradura de canales hendida en su parte media inferior por la calle principal Damrak-Rokin-Vijzelstraat.

En seguida suba a bordo del primer barco para hacer una **excursión por los canales** (véase pág. 118). Esta es la mejor forma de entrar en contacto con la ciudad. Los cuatro principales canales van en dirección paralela los unos de los otros como si dieran vueltas en redondo, son enlazados de vez en cuando por pequeños canales transversales y cada uno de ellos tiene un carácter distintivo.

Para que los aprenda de momoria, los nombres de los canales *(gracht)* principales son: el Singel* (lo que quiere decir anillo o círculo), el Herengracht (Canal de los Caballeros) el Keizersgracht (Canal del Emperador) y el Prinsengracht (Canal de la Princesa).

Singel, el canal interior de la herradura, fue en tiempos el límite de las fortificaciones de la ciudad. Busque el Nº 7 y verá algo singular: la casa más estrecha de Amsterdam. Tiene sólo el ancho de su puerta delantera y está como si fuera una cuña metida entre dos edificios del siglo XVII. Tres puentes más allá, en la unión con Oude Leliestraat, observe las ventanas con rejas de hierro de una vieja prisión de un arcaísmo exquisito, situada casi sobre el mismo puente.

Desde el Singel la ciudad se extendió hacia afuera a principios del siglo XVII en dirección del **Herengracht.** Este fue el canal Nº 1 para vivir durante la Edad de Oro de la ciudad. Los riquísimos comerciantes rivalizaban unos con otros para construir las casas más hermosas y que ahora están ocupadas por bancos y oficinas. Una excepción la constituye la que lleva el Nº 502, residencia oficial del burgomaestre de Amsterdam.

Keizersgracht fue llamado así en honor de Maximiliano I, Emperador del Sacro Imperio

* No debe ser confundido con el Singelgracht, otro canal de circunvalación situado más hacia afuera.

Romano, cuyo dominio se extendió a Holanda durante un cierto tiempo. Las casas en este canal no son tan grandes como las del Herengracht, pero tienen el encanto y solidez que convenían a la clase media. Mire el Nº 123, llamada la «Casa de las Seis Cabezas» *(Huis met de hoofden)*. Las cabezas podrá verlas esculpidas en la fachada.

Los «autobuses» de los canales proporcionan a los visitantes un nuevo y apropiado medio para realizar inolvidables excursiones.

Prinsengracht, el último canal principal de la herradura, es mucho más sencillo, con pequeñas casas y almacenes que están igual que cuando fueron construidos*. Los elevadores de balancín omnipresentes en Amsterdam siguen siendo utilizados por los almaceneros.

A todo lo largo de los canales hay una fantástica diversidad de fachadas y tejados. Como muchas casas fueron construidas muy estrechas (en los tiempos pasados el impuesto local se basaba en la anchura de la fachada que daba al canal), la única verdadera posibilidad ofrecida para hacer algo bello era el techo, que se convirtió en sinónimo de arquitectura holandesa del siglo XVII (véanse las fotos, págs. 22 y 23). Las casas anchas techadas con cornisas y barandas son en general edificios construidos en el siglo XVIII bajo la influencia francesa y llamados a menudo casas de Luis.

Desde su asiento en el barco mire alrededor y comprobará que esta ciudad tiene más canales que Venecia, más bicicletas que Copenhague y una

* Muchos de los pintorescos almacenes de Amsterdam del siglo XVII están oficialmente protegidos contra el derribo (y transformados en apartamentos producen substanciales alquileres...).

mezcla pintoresca de barcos viviendas como en ningún otro punto de la tierra. El total de más de 2.000 barcos viviendas varía desde el correspondiente a un modo de vida lujoso hasta la balsa hippy.

Sí, la excursión de una hora en barco a través de los canales es un deber. Nos da una idea de Amsterdam, histórica y encantadora, pragmática y comerciante, y siempre con un

Amsterdam de cada día: vida flotante, almacén tradicional en Brouwersgracht y sonrisa amistosa y franca.

matiz de liberalismo que raya en lo grotesco. Puede llevar a cabo también otra excursión al anochecer, durante la estación cuando los principales canales y puentes están iluminados después del crepúsculo. Puede elegir entre una excursión vespertina normal, similar a la que hizo de día, o un «paseo a la luz de las bujías», viaje romántico en el que están incluidos en el precio el vino y un tentempié, y que constituye una experiencia inolvidable.

Como la parte central de Amsterdam es relativamente compacta, es fácil también visitarla a pie. La mejor idea es dividir el centro en cuatro sectores, como hemos hecho en las páginas que siguen, y visitar uno tras otro.

Sector Sudoeste:

entre Vondelpark y Muntplein

Leidseplein (*plein* = plaza) es el lugar en que se encontraba la antigua puerta de la ciudad en la carretera de Leiden. Hoy día, la puerta, los mercados y los carruajes han desaparecido y han sido reemplazados por un número considerable de restaurantes y cafeterías, cafés al aire libre y cines, discotecas, clubes nocturnos y bares, así como las oficinas de algunas importantes aerolíneas, aplastadas en medio de ellos. La actividad es siempre intensa en Leidseplein, uno de los puntos cruciales de atracción turística.

La parte noroeste de la plaza está dominada por el Stadsschouwburg (Teatro Municipal) con su columnata de entrada. Fue construido en 1894 para substituir a un antiguo edificio que había sido incendiado y en él están instalados ahora el Teatro Popular Holandés, la Opera Nacional y el Ballet Nacional. En el Festival de Holanda, que se celebra en junio y julio, hay una representación cada noche a cargo de las compañías titulares o invitadas.

El Hotel American puede decirse que está en la casa contigua al teatro y es algo así como una tradición de la ciudad. El edificio, construido en 1880, tiene características peculiares, posee un **restaurante Jugendstil** y está protegido por las autoridades como monumento arquitectónico. Se ha convertido en lugar de reunión de artistas, escritores, estudiantes y de quienquiera que desee charlar con ellos o verlos. Mata Hari, la famosa espía de la Primera Guerra Mundial, que era de origen holandés, celebró su banquete de boda en el American en 1894.

Vondelpark está al sudoeste, tan solo a 200 m de distancia. Este «pulmón» del centro de la ciudad densamente poblado lleva el nombre del más famoso poeta holandés del siglo XVII, Joost van den Vondel. Tiene 48 Ha. de extensión en las que hay numerosos prados, lagos y jardines llenos de flores y de frescura.

La vecina Museumplein, vasta plaza herbosa en la que florecen en primavera azafranes y narcisos, está rodeada por tres museos importantes y por la principal sala de conciertos de la ciudad.

En la parte superior de la

En el espacioso Vondelpark animados grupos de jóvenes encuentran la atmósfera adecuada para distraerse y charlar despreocupadamente.

verdadera plaza se encuentra un edificio de aspecto palaciego, el **Rijksmuseum,** construido bajo la dirección de Petrus Cuypers e inaugurado en 1885, en el que se halla una de las más grandes colecciones artísticas del mundo en la que figura el cuadro de Rembrandt titulado *Ronda Nocturna*. En el lado derecho de la plaza, mirando hacia abajo desde el Rijksmuseum, están el nuevo **Museo Vincent van Gogh** proyectado por Gerrit Rietveld, que por su aspecto exterior de jaula de vidrio es como un anacronismo en la plaza, y el **Stedelijk Museum** (Museo Municipal) que encierra la valiosa colección de arte moderno propiedad de la ciudad. Quienquiera que visite Amsterdam no renunciará de buena gana a visitar el Rijksmuseum y los tres deben figurar en la lista de prioridades de los aficionados al arte. La descripción de los objetos expuestos figura en las páginas 53 a 56.

En la parte inferior de la plaza se halla la Concertgebouw (Sala de Conciertos), sede de la mundialmente famosa orquesta del mismo nombre. Inaugurada en 1888, en una época de prosperidad para los edificios culturales de Amsterdam, su sala principal tiene capacidad para 2.200 personas y es famosa por su acústica casi perfecta.

Desde el fondo de la Museumplein puede regresar a la Leidseplein partiendo en dirección norte a lo largo de la calle van Baerlestraat torciendo a la derecha en la calle P.C. Hooftstraat las dos arterias que constituyen el modesto centro de la alta costura de Amsterdam. O bien puede inspeccionar las numerosas tiendas de antigüedades de la Nieuwe Spiegelstraat.

Desde Leidseplein diríjase ahora hacia el noreste y llegará directamente a la Leidsestraat, en la que está prohibido el tráfico rodado, salvo a los tranvías. Leidsestraat fue antaño la más importante calle comercial y aún pueden verse algunas tiendas de lujo a lo largo de ella, a pesar de la reciente invasión de oficinas de compañías aéreas y merenderos.

Por último no deje de ver el **mercado flotante de flores** *(drijvende bloemenmarkt)* al final de la Leidsestraat a la derecha, a lo largo del canal Singel. Desde hace más de 200 años, los amsterdaneses han subido aquí a bordo de las tiendas flotantes para comprar plantas y flores.

La **Munttoren** (Torre de la Moneda) domina la brillante escena y su carillón del siglo

XVII pone una nota de alegría tocando cada media hora una vieja melodía holandesa. Un incendio destruyó la parte superior de la puerta en 1619 y el decorativo reloj de torre fue añadido un año después por Hendrick de Keyser.

Unos centenares de metros al norte del mercado flotante de flores se encuentra el **Begijnhof** (Patio de las Beguinas), encantador refugio de tranquilidad en el corazón de la

El tranquilo recinto de Begijnhof y (abajo) competencia en el mercado floral para atraer al turista.

agitada ciudad. Está un tanto escondido tras una puerta de roble en forma de arco sobre el Spui, frente a un edificio de la universidad. Interiormente es un bien proporcionado cuadrilátero de césped rodeado de asilos de los siglos XVII y XVIII, dos iglesias pequeñas y una casa de madera del siglo XV. La primera iglesia data originalmente de 1392 y se conoce desde 1607 como Iglesia Presbiteriana Escocesa. La segunda, que está enfrente, es la iglesia católica. Una de sus vidrieras de colores recuerda «el milagro de la hostia» de 1345 (véase pág. 13).

El patio fue creado en 1346 para que lo utilizaran las beguinas, miembros de una comunidad religiosa holandesa que no han pronunciado votos. Hoy día, las casas del Patio de las Beguinas, cada una con un pequeño jardín propio, son alquiladas por un precio simbólico a mujeres de edad avanzada.

Música en el aire: viejas melodías que llegan desde la Torre de la Moneda, organillos callejeros y gratos ruidos locales.

Sector Noroeste:

entre Kalverstraat y el Jordaan

Si se sale del Patio de las Beguinas por la puerta trasera, se llega directamente al **Amsterdams Historisch Museum** (Museo de Historia de Amsterdam) restaurado recientemente y cuyos locales fueron utilizados, casi durante 400 años, como orfanato. Sus numerosas salas y galerías relatan la apasionante historia de la ciudad desde 1275 hasta 1945. No se olvide de dar un vistazo a la entrada de San Luciënsteeg, donde han sido restauradas 22 piedras esculpidas de la ciudad antigua, y colocadas en el muro.

Si sale por la puerta que da a la Kalverstraat, puede seguir en dirección norte en compañía de una multitud de compradores que van y vienen por esta calle reservada exclusivamente a los peatones y que va a parar a la plaza principal de Amsterdam.

La **Plaza del Dam** (llamada en holandés sencillamente Dam) es el corazón de la ciudad y su razón de ser y está siempre adornada por una animada multitud. Aquí es donde antes de 1275 fue represado del río Amstel, que por último fue totalmente terraplenado a lo largo de Damrak y Rokin.

El **Koninklijk Paleis** (Palacio Real) domina la Plaza del Dam. Inaugurado como Ayuntamiento en 1655, en la floreciente Edad de Oro, fue convertido en palacio por Luis Bonaparte, el hermano del emperador, durante su breve permanencia como rey en Amsterdam (1806–1810). En la actualidad la reina Beatriz utiliza el palacio sólo algunos días del año, para recibir a los visitantes ilustres o celebrar recepciones oficiales, prefiriendo vivir en su residencia campestre, Huis ten Bosch, situada en las afueras de La Haya. Encima del vasto tejado

En el aniversario de la reina los amsterdaneses se divierten en el Dam ante el Palacio Real y la Iglesia Nueva. Los payasos gesticulan y hacen reír.

del tímpano hay una estatua de la Virgen de la Paz, y detrás de ella la cúpula del carillón del campanario (que sigue tocando sus melodías para la multitud que se agolpa abajo). El interior del palacio merece ser visitado (véase pág. 58).

Al otro lado del estrecho Mozes en Aäronstraat se encuentra la **Nieuwe Kerk** (Iglesia Nueva). Su orgullo lo constituyen sus esculturas de madera de estilo barroco y los órganos de los siglos XVI y XVII. Un extenso programa de restauración se ha llevado a cabo en el último decenio, y todas estas curiosidades pueden apreciarse una vez más, ya que la iglesia está nuevamente abierta al público.

Hombres de estado y héroes de toda condición (por ejemplo, el almirante de Ruyter y el poeta Joost van den Vondel) están enterrados en la Nieuwe Kerk, en la que prestan juramento los monarcas de Holanda.

Las blancas columnas de piedra que se hallan al otro lado de la plaza constituyen el Monumento Nacional erigido en 1956, por suscripción popular, para conmemorar el papel desempeñado por Holanda en la Segunda Guerra Mundial. En un pequeño muro curvo en la parte trasera del monumento hay 12 urnas, 11 de ellas llenas de tierra de cada una de las provincias holandesas y la 12ª de tierra de Indonesia.

A unos centenares de metros detrás del palacio se halla la **Westerkerk** (Iglesia del Oeste), edificada en 1619 según los planos de Hendrick de Keyser y acabada en estilo neoclásico después de su fallecimiento por Jacob van Campen. La iglesia se caracteriza no sólo por su campanario de 85 m, el más alto de Amsterdam, sino también por la corona y esfera situadas en la parte superior, réplica de la corona ofrecida a la ciudad en 1489 por Maximiliano I, Emperador del Sacro Imperio Romano. Una placa, colocada en el muro norte, recuerda que Rembrandt fue enterrado en esta iglesia, pero sin que se sepa el lugar exacto.

Los visitantes deportivos pueden subir a la torre desde donde se disfruta de una **vista** incomparable de la ciudad. En lo alto está el carillón de 47 campanas, algunas de ellas fundidas por François Hemony, que lanzan al aire alegres melodías cada media hora, de día *y* de noche.

La **Anne Frankhuis** (Casa de Ana Frank) está exactamente al dar la vuelta a la esquina de Prinsengracht 263. Aquí, de 1942 a 1944, se escondió la joven muchacha judía para escapar a las fuerzas ocupantes y escribió su diario que al presente es mundialmente famoso. En lo alto de la empinada escalera podrá ver la estantería mural que en apariencias es el final de un pasillo, pero que, en realidad, gira y da acceso al secreto *achterhuis,* o parte oculta trasera de la casa, donde Ana, su familia y cuatro amigos se organizaron para vivir hasta que fueron delatados nueve meses antes de que terminase la guerra (véase también MUSEOS, pág. 58).

La zona del **Jordaan** está situada al otro lado del canal entre la orilla occidental de Prinsengracht y Lijnbaansgracht y se extiende en dirección norte-sur aproximada-

Desde la torre de la Iglesia del Oeste se goza de una bellísima vista panorámica de la ciudad.

S R16

mente desde Haarlemmerdijk hasta Leidsegracht. Su nombre es probablemente una deformación de la palabra francesa *jardin*. Todas sus calles y canales tienen nombres de árboles o flores (Lindenstraat, Rozengracht, Bloemgracht, etc.), pero ciertamente no fue un jardín frondoso situado tras los barrios exteriores a principios del siglo XVII. En realidad era una zona de viviendas de la clase obrera caracterizada por su pobreza.

En la actualidad se ha convertido en una zona muy solicitada por los artistas y dibujantes, un barrio llamativo, y el «jardín» ha florecido con un gran número de nuevas y atractivas tiendas pequeñas, boutiques y restaurantes al lado de la tradicional zona de «bares marrones» (véase pág. 98). Unas 800 de sus 8.000 casas están consideradas como monumentos protegidos. Es una zona llena de vida, inconformista, encantadora, que tiene su propio festival algo estrafalario en el mes de septiembre de cada año (véase pág. 90).

La **Ronde Lutherse Kerk** (Iglesia Redonda Luterana) está situada en el canal Singel. Su cúpula de cobre de 45 m de altura domina el viejo barrio de los empaquetadores de

arenques desde el año 1671. Fue construida en estilo barroco utilizando 2 millones de ladrillos y 3.615 pilotes, y el cobre para la cúpula fue donado por el devoto rey luterano Carlos XI de Suecia. La iglesia fue reconstruida después de haber sido destruida por el fuego en 1822, y en 1830 fue instalado un bello órgano. Más tarde se utilizó como almacén, pero en el decenio de 1970 se volvió a dar vida al edificio. Una cadena hotelera estadounidense empezó a transformar 13 casas del siglo XVII en un moderno hotel y juntamente con las autoridades locales y el Comité Nacional Holandés de Salvaguardia de Monumentos, restauró la Iglesia Redonda que se hallaba enfrente y la convirtió en un anexo utilizado ahora como salón para banquetes, recepciones y conferencias. La iglesia y el hotel están unidos por un pasillo que pasa bajo el Kattengat.

Bajo la cúpula de 19 m de diámetro son organizados conciertos de órgano y los do-

Típica «ciudad dentro de la ciudad», el Jordaan es una de las zonas de Amsterdam más atractivas para la exploración.

mingos a las 11 de la mañana conciertos que van desde la música de jazz hasta la banda de música de la policía, desde los recitales de ópera hasta la música de cámara, y se han convertido en una parte muy popular de la vida de Amsterdam durante los fines de semana.

Cerca del hotel, en Nieuwendijk 16, está el **Nederlands Centrum voor Ambachten** (Centro Holandés de Arte y Artesanías) donde puede admirar a los artesanos loca-

Iglesia Luterana Redonda, ahora salón para banquetes y conferencias.

les cuando fabrican queso, cortan diamantes o hacen zuecos.

Para cambiar de perspectiva, diríjase ahora hacia el norte, a lo largo del canal Singel y bajo la línea férrea hacia Havengebouw (edificio del puerto) ligeramente al oeste de la estación del ferrocarril. Desde el último piso del edificio se disfruta, cuando el tiempo lo permite, de una magnífica **vista panorámica** de Amsterdam. Si piensa que, después de una jornada atareada y con abundancia de visitas, le vendría bien tomar un refresco, hallará allí mismo un restaurante sobre el techo.

Sector Central:
entre Damrak y Oude Schans

Una estación de ferrocarril rara vez es un lugar turístico, pero la **estación central** de Amsterdam, que domina la perspectiva del bulevar Damrak, merece que se le dedique un momento de admiración, tanto por ser una proeza de la ingeniería, como un bello monumento neogótico del siglo XIX. Fue construida por Petrus Cuypers, arquitecto también del Rijksmuseum, sobre tres islas artificiales y 8.687 pilotes de madera.

En dirección diagonalmente opuesta a la estación, hacia la izquierda, se halla la St.-Nicolaaskerk (Iglesia de San Nicolás) en la que el equivalente holandés de Papá Noel desembarca cada año a mediados de noviembre (véase pág. 90).

A algunos metros de la estación, bajando por la calle

Damrak, el edificio de la bolsa **(Beurs)** proyectado por Hendrick Petrus Berlage ha sido siempre motivo de controversias. Fue considerada una de las obras maestras ultramodernas de Hendrick Petrus Berlage a partir del momento en que en 1903 fue dada a conocer al mundo.

La **Oude Kerk** (Iglesia Vieja) está situada detrás de la Beursplein y al otro lado de la Warmoesstraat. Esta iglesia, la más grande y antigua de la ciudad, fue consagrada hacia el año 1300. En ella yacen los restos de Saskia, la esposa de Rembrandt. A pesar de que los calvinistas hicieron desaparecer en el siglo XVII la rica decoración y las estatuas, por tratarse de «ostentación católica», quedan muchas es-

Los noctámbulos y los aburridos encontrarán numerosas distracciones en este barrio amsterdanés.

culturas góticas de piedra, tanto en el interior como en el exterior de la Iglesia Vieja, así como algunas vidrieras de colores entre las que figura una que conmemora la Paz de Westfalia que, juntamente con la Paz de La Haya, puso un término en 1648 a una guerra de 80 años contra España.

La Iglesia Vieja está en el umbral del barrio de mala fama. El centro de esta zona, popularmente conocida en holandés como el *walletjes* o «pequeñas murallas», está en paralelo con Oudezijds Voorburgwal, Oudezijds Achterburgwal y el Zeedijk, donde han florecido estos últimos años las tiendas de venta de objetos pornográficos, las representaciones sexuales en vivo y los museos sexuales. Es una zona por la que se puede pasear con toda tranquilidad, salvo quizás a altas horas de la madrugada.

Museum Amstelkring, conocido también como Ons' Lieve Heer Op Solder (Iglesia de Nuestro Señor del Atico), que se halla en Oudezijds Voorburgwal 40, es la única de las otrora 60 iglesias católicas clandestinas de la era calvinista, que ha sido dejada en su estado original (véase también pág. 60).

La **Schreierstoren,** que data de 1482, está al otro lado del pequeño barrio chino del bajo Zeedijk. La torre fue construida como punto fortificado a horcajadas sobre el canal Geldersekade en los muros del puerto de la ciudad vieja. Fue también el punto de salida de los marineros y la leyenda de la Torre de las Lamentaciones o Torre de las Lágrimas, evoca los más románticos recuerdos. Enrique Hudson salió de aquí para ir a descubrir Manhattan en 1609.

Cerca de la Schreierstoren está situado el **Nederlands Scheepvaartmuseum** (Museo de Historia de la Marina) de ahí se disfruta de una vista panorámica del puerto; está instalado en un edificio de suministros del antiguo Almirantazgo llamado Lands Zeemagazijn. Está lleno de reproducciones de barcos, mapas, etc. Los niños de todas las edades aprecian la visita. Para más detalles véase MUSEOS, pág. 58.

La **Montelbaanstoren** (Torre de Montelbaan) en el canal Oude Schans, tiene fama de ser la torre de más bellas proporciones de la ciudad. Fue construida en el siglo XV. En 1606, el arquitecto Hendrick de Keyser hizo añadir la aguja de 44 m que posee, con reloj y campanas del mismo estilo neoclásico que las otras torres construidas por él.

La **Waag** (Casa de Pesas) es un castillo de siete torres situado en la plaza Nieuwmarkt. Fue construida en 1488 como puerta de la ciudad, pero fue poco utilizada para dicho fin. En cambio ha tenido una carrera muy variada como casa de pesas, estación de bomberos, casa de corporaciones y museo. Entre las comunidades que se reunían aquí figuraba la de albañiles y canteros. El gremio de cirujanos de Amsterdam daba aquí en el siglo XVII sus lecciones de anatomía e invitó a Rembrandt para que registrase la escena. El re-

La Waag (izquierda) y la esbelta Torre de Montelbaan (derecha) ayer posiciones defensivas en los muros de la ciudad, hoy sólo recuerdos.

sultado de ello fueron los dos lienzos mundialmente famosos conocidos con el nombre de *La lección de Anatomía* (una *del Dr. Tulp,* pintada en 1632, y otra *del Dr. Deijman,* de 1656).

La vecina **Zuiderkerk** (Iglesia del Sur) fue construida entre 1603 y 1611 por el arquitecto de la ciudad Hendrick de Keyser, y su torre añadida en 1614, ha sido siempre su timbre de gloria. Como Christopher Wren la admiraba mucho, se dice que le sirvió de prototipo para sus famosas torres de Londres. Otra figura famosa se inspiró de ella en sus bocetos y la pintó: Rembrandt van Rijn quien vivió enfrente. Desde el pequeño puente levadizo que está en el cercano Groenburgwal se disfruta de una magnífica vista de la torre.

El **Muziektheater** (Teatro de la Música), edificio del ladrillo y cristales situado frente al río Amstel, fue abierto en 1986. Tiene capacidad para 1.600 espectadores y es la sede de la Opera Neerlandesa y del Ballet Nacional. Como el inmueble incluye también el Ayuntamiento *(stadhuis),* los habitantes de Amsterdam lo han apodado «Stopera» *(stadhuis + opera).*

La **Rembrandthuis** (casa de Rembrandt) situada en Joden-

breestraat 4–6, de persianas rojas y tres plantas, es un edificio de ladrillos que data de 1606 coronado con un elevado remate triangular característico de Amsterdam. Fue el domicilio del más grande pintor holandés desde 1639 hasta que se le declaró en quiebra 20 años después. Aquí vivió al principio, como un gran señor, ayudado por los 40.000 gulden de la dote de su esposa Saskia, pero pintando también prolíficamente, intentando así pagar. De esta época son los lienzos *Lección de Anatomía del Dr. Deijman y Ronda Nocturna,* entre otros.

Jodenbreestraat, en la que está situada la casa de Rembrandt, quiere decir Calle Ancha de los Judíos, y precisamente ahora estamos listos para ver de cerca el viejo barrio judío de la ciudad.

Sector Sudeste:

entre Waterlooplein y Rembrandtsplein

La **Portugees-Israëlitische Synagoge** (Sinagoga portuguesa), situada en la Plaza Jonas Daniël Meijer, construida en 1675 por la importante colonia local de judíos sefardíes, descendientes de los refugiados de España y Portugal llegados a finales del siglo XVI. Se dice que fue modelada según los planos del templo del rey Salomón. (La sinagoga, en la Plaza Jonas Daniël Maijer, está abierta al público todo el año, de lunes a viernes, y los domingos por la mañana.)

Al lado de la sinagoga está la biblioteca Ets Haim «Arbol de Vida» que data de 1616 y contiene 20.000 libros, impresos y manuscritos ponen de relieve la historia judaica. El **Museo de Historia Judía** (véase pág. 61) también da a la plaza. En ella podrá ver la **Estatua al Trabajador del Muelle,** de Mari Andriessen. Venerada en Amsterdam por judíos y gentiles, esta tosca imagen de un hombre con traje de trabajo conmemora los acontecimientos de febrero de 1941, cuando los estibadores del puerto de Amsterdam declararon una huelga de 24 horas para protestar contra la deportación de los judíos.

Los alegres y descarados propietarios de los puestos del **rastro,** situado en Valkenburgerstraat, se sentirán felices al venderle cualquier cosa, desde un abrigo de piel hasta una retorcida tubería de plomo.

Todo es bullicio y afabilidad, y raras veces están indicados los precios. Sin embargo, sea la que fuere la lengua en

En el «rastro» existe una gama inmensa de mercancías; los precios no son fijos y nadie se extrañará si discute un momento pidiendo una rebaja.

que pregunte el precio, el dueño del puesto le indicará casi siempre el doble de lo que desea ganar. Este es el único lugar de Amsterdam en el que se puede regatear.

La **Mozes en Äronkerk** (Iglesia de Moisés y Aarón) domina la Waterlooplein. Esta iglesia católica, que data de 1840, tiene un nombre que refleja el carácter judío de esta zona. Posee una impresionante fachada clásica y una columnata de entrada dominada por una estatua de Cristo. Dos esculturas de piedra procedentes de una iglesia que existió anteriormente en este mismo lugar y que representan a «Moisés» y a «Aarón», están colocadas en el muro.

Su alegre interior, que parece de estilo barroco, es testigo de escenas que jamás pudieron imaginar los fundadores de la iglesia. Lugar de reunión para jóvenes viajeros, en el que pueden comprar bebidas sin alcohol o bocadillos, o bien realizar exposiciones de artes y oficios, se ha convertido también en un centro para trabajadores extranjeros que vienen aquí con sus problemas y asisten a los oficios dominicales que les están especialmente destinados. La Iglesia de Moisés y Aarón es una de las más animadas de Amsterdam en la que se acoge todo lo que pueda ser imaginado, desde las charlas pacíficas hasta un número impresionante de animales domésticos cuando se celebra, en el mes de octubre de cada año, el Día Mundial del Animal.

El río Amstel, del que Amsterdam tomó su nombre, está sólo a un minuto de marcha y la mejor vista del río que existe en la ciudad es la que se disfruta desde el **Blauwbrug** (Puente Azul). Construido en la década de 1880 y llamado así porque antes existió en este mismo sitio un puente levadizo de madera que estaba pintado de azul, es una copia del Puente Alejandro de París, ricamente adornado con remates dorados y proas de barcos.

Algunos lo consideran como el puente más bonito de la ciudad, pero si se mira aguas abajo del río se ve de inmediato a su rival: un puente levadizo de madera blanca con nueve gráciles arcos, el **Magere Brug** o «Puente Magro», como familiarmente podría traducirse su nombre. Es un espectáculo fascinante cuando es subido o bajado para dar paso al incesante tráfico de las barcazas.

Algo más allá del Magere Brug siguiendo la orilla del río, se halla el Carré Theatre, atractivo edificio de piedra blanca que data de 1887, en el que, en general, son ofrecidas representaciones teatrales en lengua holandesa, si bien, a veces, actúan grupos teatrales o conjuntos de baile extranjeros.

Al descender la estrecha Ca-

lle Amstelstraat encontrará a su izquierda los jardines del Museo Willet Holthuysen. Al igual que el propio museo (entrada por la calle paralela Herengracht; véase pág. 60), son de auténtico estilo de los siglos XVIII y XIX.

Rembrandtsplein (Plaza de Rembrandt) y el contiguo Thorbeckeplein cubiertos de enseñas luminosas publicitarias, cines, restaurantes, bares y clubes nocturnos, forman una zona de diversiones variadas que ofrece de todo, desde los espectáculos de destape y las películas habladas en inglés hasta una taza de café en uno de los numerosos bares al aire

Cerca de Magere Brug, uno de los mil puentes de Amsterdam, la bandera de la ciudad ondea en un barco sobre el río Amstel. Al fondo se yergue airosa la torre de la Iglesia Sur.

libre. La parte central de la plaza, con su césped y sus bancos, es una especie de oasis en medio del frenesí que reina alrededor, en particular cuando los macizos de rododendros están en flor.

Una **vista** de los 14 puentes pone un tranquilizador punto final a esta visita de la ciudad dividida en cuatro partes. Desde el punto extremo de Thorbeckeplein, mirando hacia abajo en dirección del Reguliersgracht verá seis de ellos en una fila. Hacia la izquierda de Herengracht hay otros seis, y hacia la derecha dos más. La vista es especialmente inolvidable en verano después del crepúsculo, cuando todos los puentes están iluminados.

Enmarcados por las flores que tanto les gustan, es muy frecuente encontrar a parientes y amigos en cordial reunión.

Museos

En general, los museos de Amsterdam están abiertos los días laborables (algunos cierran los lunes) de 10 de la mañana a 5 de la tarde y desde la 1 hasta las 5 de la tarde los domingos y días festivos. Los precios de entrada son bajos o moderados. En las VVV, Oficinas de Turismo, presentando su pasaporte, puede obtener un billete anual que le da derecho a entrar en todos los museos estatales de Holanda y en los municipales de Amsterdam.

Rijksmuseum

Por fortuna para las personas que visitan este enorme palacio (250 salas) destinado para museo, en el despacho de información puede obtenerse por un precio módico un plano de cada planta que permite seguir un itinerario cómodo y contiene además un índice de los objetos expuestos.

Si lo que le interesa principalmente es el arte europeo en general y la pintura holandesa en particular, diríjase al primer piso, salas 201–236.

En la sala 224 ocupa el lugar de honor el monumental cuadro de Rembrandt conocido con el nombre de *Ronda Nocturna* (su verdadero nombre es *La Compañía del Capitán Frans Banning Cocq y del Teniente Willem van Ruytenburch*). Pintado en 1642, cuando el artista tenía 37 años, sigue siendo una obra de arte épica, que inspira cierto horror y es al mismo tiempo reconfortante hablando en términos humanos.

Entre las otras obras maestras de Rembrandt expuestas en las salas 221 y 221A, figura el brillante y emotivo lienzo *Pareja de Enamorados* (llamado también *La desposada judía*), el ligeramente cómico *Autorretrato a semejanza del Apóstol San Pablo,* para el cual se puso un turbante, y el *Staalmeesters,* una de sus últimas obras y una de las que lo confirman como uno de los más grandes retratistas de grupos de todos los tiempos.

Otro famoso gran maestro neerlandés de la Edad de Oro es Juan van der Meer (1632–1675). Admire especialmente su cuadro titulado *Mujer leyendo una carta,* una de las cuatro obras suyas expuestas en la sala 226, contigua a la sala en que se halla la *Ronda Nocturna*.

Frans Hals (1580?–1666) tiene dos salas dedicadas a su obra (211 y 211A), y su soberbio retrato *El alegre borrachín* puede admirarse en la sala 214A.

Jacobo van Ruisdael (1628?–1682), considerado como el más grande paisajista de su siglo, está representado, en la sala 214, por sus lienzos *El Molino de Wijk bij Duurstede* y *Vista de Haarlem,* entre otros.

A continuación, en las salas 216 y 218 están expuestas varias obras de Juan Steen (1626–1679), con sus observaciones satíricas de festejos familiares; en la sala 216 los paisajes idealizados de Alberto Cuyp (1620–1691) y, en varias salas, obras holandesas posteriores de Cornelio Troost, Ja-

En las salas de pintura holandesa del famoso Rijksmuseum admire el cuadro Staalmeesters, *una de las últimas obras maestras de Rembrandt.*

cobo de Wit y otros muchos.

Cerca de la sala dedicada a *Ronda Nocturna* hay una vasta galería dividida en secciones dedicadas a artistas extranjeros, agrupados por nacionalidades. Aquí podrá descubrir obras de Brueghels, Rubens y Van Dyck, Botticelli, Fra Angélico y Tintoretto, Goya, El Greco, Murillo y Velázquez.

Sólo es posible dar aquí una idea general de los tesoros contenidos en el Rijksmuseum. Bástele con saber que si le interesan las porcelanas, el arte asiático o musulmán, la historia holandesa, las cristalerías del siglo XVIII o las casas de muñecas del siglo XVII, para no citar sino algunos ejemplos de los otros objetos expuestos, hallará en el Rijksmuseum con qué satisfacer su curiosidad.

Dirección: Stadhouderskade (detrás de la Museumplein).

El Museo Vicente van Gogh con obras que atraen a jóvenes y viejos.

Museo Vicente van Gogh

Este moderno edificio, construido en 1973, contiene en sus bien iluminadas salas aproximadamente unos 200 cuadros y 400 dibujos de van Gogh (1853–1890) y una sala dedicada a algunos de sus contemporáneos, como Toulouse-Lautrec y el antiguo amigo de Vicente, Gauguin.

Hay algunos bosquejos de sus días de Londres. Bodegones y escenas de la vida rústica, entre las que figura su primera obra maestra, *Los que comen patatas,* representan su época primeriza holandesa. Luego lo vemos a través de sus épocas de Amberes y París (por lo menos 11 autorretratos pues no tenía medios para pagar un

modelo), y de Arles, donde pinta con verdadero frenesí: series de pinturas de flores, campos de trigo, huertos y girasoles. Al trasladarse a la clínica para enfermos mentales en Saint-Rémy recuerda su habitación de Arles y este es también uno de los cuadros mundialmente famosos.

Además de sus cuadros y de una galería de sus pinturas japonesas grabadas en madera, que él admiraba mucho, el museo conserva también centenares de cartas de Vicente, de sus familiares y amigos.

Dirección: Paulus Potterstraat 7 (en la Museumplein).

Museo Stedelijk
La colección de nombres famosos del museo Stedelijk es tan impresionante, en su propio campo, como el Rijksmuseum. Picasso está representado con sus lienzos *Naturaleza muerta con guitarra*, *Copas con pajas* y *Mujer sentada con un sombrero en forma de pescado*; hay también cuadros de Monet, Degas y Cézanne, Matisse, Mondrian y de Kooning. Pero mire especialmente las obras de Chagall (su *Violinista* es inolvidable).

Dirección: Paulus Potterstraat 13 (en la Museumplein).

Rembrandthuis (Casa de Rembrandt). El domicilio donde vivió el pintor desde la riqueza a la miseria, de la fama a la bancarrota.

La casa fue restaurada en homenaje a la memoria de Rembrandt en 1906 y contiene sobre todo la obra gráfica del artista, entre la que figuran 350 de sus aguafuertes (entre ellas *La desposada judía*) y su propia prensa para realizar aguafuertes.

Dirección: Jodenbreestraat 4–6.

Si el arte abstracto del Stedelijk no le interesa, pruebe a ver el Museo de Historia Marítima, muy diferente del primero.

Amsterdams Historisch Museum (Museo Histórico de Amsterdam). Situado en el centro de la ciudad, en un circunambiente del siglo XVII, nos permite proceder a un amplio examen de cuanto se refiere a Amsterdam desde 1275 hasta 1945. Se hallan aquí también algunas obras clásicas de la pintura holandesa, así como una rica colección de objetos de uso diario, algunos de ellos de tiempos muy remotos, pertenecientes a la historia de Amsterdam (véase también pág. 35). *Dirección:* Kalverstraat 92.

Koninklijk Paleis (Palacio Real). El inmenso interior clásico de este Ayuntamiento del siglo XVII convertido en residencia real contiene una gran cantidad de simbolismos esculpidos, realizados por Artus Quellinus el Viejo, y otros, así como algunos de los más bellos muebles de estilo imperio existentes en el mundo, que fueron abandonados aquí por Luis Bonaparte cuando huyó de la ciudad por la noche en 1810 (véase pág. 19).

Dirección: Plaza del Dam.
Horas de visita (siempre que el palacio no esté ocupado), en verano: diariamente de 12,30 a 4 de la tarde. En invierno: visita con guía los miércoles a las 2 de la tarde.

Nederlands Scheepvaartmuseum (Museo de Historia Marítima). Varios centenares de detalladas reproducciones de barcos encabezan la lista de objetos expuestos en este museo para satisfacer a los visitantes de todas las edades. Cuadros, grabados, numerosísimos mapas, globos terrestres y una biblioteca de 5.000 volúmenes. Verá el certificado de compra que los indios americanos entregaron al mercader holandés Peter Minuit por los terrenos situados alrededor de Albany, Nueva York, en el año de 1631.

Dirección: Kattenburgerplein 1.

Tropenmuseum (Museo Tropical). Las importantes obras de renovación y modernización se han terminado y de nuevo está abierto al público. Este museo permite, en particular, formarse una idea viviente del arte folklórico, trajes, productos y forma de vida del sudeste asiático. Contiene también abundantes materiales procedentes de Africa, la India y América del Sur. Hay una sección especial para niños.

Dirección: Linnaeusstraat 2.

Anne Frankhuis (Casa de Ana Frank). En este edificio de 1635, vea las habitaciones en que Ana y su familia se escondieron durante dos años de las tropas ocupantes nazis, entre 1942 y 1944. Aquí esta muchacha de quince años legó al mundo un diario incomparable. Desde su primera aparición, en el año de 1947, se han editado más de 4 millones de ejemplares en 33 lenguas (véase también pág. 38).

Dirección: Prinsengracht 263.
Horas de visita: de lunes a sábado, de 9 de la mañana a 5 de la tarde; domingos de 10 de la mañana a 5 de la tarde.

Bijbels Museum en Werkplaats (Museo Bíblico y Taller). Como complemento a una exposición judeocristiana se estimula a los niños para que pinten y dibujen aquí, hagan modelos, toquen instrumentos musicales e incluso para que interpreten como actores los temas bíblicos.

Dirección: Herengracht 368.

Museum Amstelkring (conocido también como Ons' Lieve Heer Op Solder, lo que significa «Nuestro Señor del Ati-

Los holandeses, que son tan aficionados a las fiestas, organizan frecuentemente bailes folklóricos y otros espectáculos para animar el escenario en el Museo Histórico de Amsterdam.

co»). Esta iglesia católica clandestina de la época calvinista se encuentra en el último piso de tres casas que datan de 1661-1663 y están situadas en una de las partes más pintorescas de la ciudad. Entre las numerosas reliquias que aquí se conservan del siglo XVIII figura un órgano de 1794 que se sigue utilizando en las ceremonias nupciales.

Dirección: Oudezijds Voorburgwal 40.

Museum Willet Holthuysen. Edificio construido en 1689 como residencia privada de un eminente *burgher;* esta morada ha conservado una atmósfera auténtica de la época. En muchos aspectos es un perfecto ejemplo de una casa patricia de Amsterdam. Contiene además una bella colección familiar de obras de arte.

Dirección: Herengracht 605.

Madame Tussaud. Una sucursal del famoso museo de figuras de cera de Londres, en la que están representados algunos personajes de la vida internacional así como algunas personalidades holandesas: escritores, actores, cantantes y, naturalmente, el gran Rembrandt en su estudio.

Dirección: Kalverstraat 156.

Aviodome. Aquí está representada la Historia de la Aviación desde que los hermanos Montgolfier, en Francia, inventaron en el siglo XVIII un globo inflado por medio de aire caliente, hasta la sonda Viking destinada al planeta Marte, pasando por un Sputnik ofrecido por la Unión Soviética y un simulador de vuelo.

Dirección: Aeropuerto de Schiphol.

Zeiss Planetarium Amsterdam. Siéntese confortablemente y admire las estrellas que aparecen y desaparecen en un «cielo» artificial. En unos cuantos minutos verá cómo el día se convierte en noche y la noche en día. Además de los innumerables cuerpos celestes que pueblan el firmamento, observará también las diferentes fases de la luna y los movimientos de los planetas.

Dirección: Kromwijkdreef 11, (al sudeste de Amsterdam).

Joods Historisch Museum (Museo de Historia Judía). Impresionante colección de objetos religiosos, así como documentos de la ocupación nazi durante la Segunda Guerra Mundial.

Dirección: Jonas Daniël Meijerplein.

Maestros holandeses, antiguos y modernos

El glorioso siglo XVII de Holanda produjo un número pasmoso de pintores excepcionales. Entre las estrellas más luminosas de una brillantísima constelación:

Frans Hals (1580?–1666) es considerado a menudo como el fundador de la escuela holandesa. Es particularmente famoso por sus retratos y grupos. *El risueño caballero* demuestra sus dones para dar a sus temas un aire vivo e incluso animado. Hals pasó la mayor parte de su vida en Haarlem.

Rembrandt Harmensz van Rijn (1606–1669) es el gigante indiscutible de la pintura holandesa y figura entre los más grandes de todos los tiempos. Nacido en Leiden, adquirió fama y fortuna (y después cayó en la ignominia y la ruina) en Amsterdam. Su empleo revolucionario de la luz y la sombra, su genio para realizar retratos de grupos, puede verse en su *Ronda Nocturna*, una de sus más felices realizaciones.

Jacob van Ruisdael (hacia 1628–1682), gran paisajista conocido por las brillantes escenas que pintó de su Haarlem nativo, tan semejantes a la vida real, y por sus melancólicas interpretaciones de la campiña holandesa.

Jan Steen (1626–1679), especialista en interiores domésticos y animadas escenas de taberna. Se la asocia a varias ciudades: La Haya, Delft, Haarlem y Leiden, en donde se ocupó de una taberna.

Jan Vermeer (1632–1675) nació y murió en Delft y por lo que se sabe de él jamás abandonó su ciudad. Sus delicados interiores brillan en sutiles matices dorados.

Después de una época de decadencia en el siglo XVIII y a principios del XIX, los pintores holandeses resurgen con nuevos bríos a finales del pasado siglo.

Vincent van Gogh (1853–1890) dejó su provincial Holanda para radicarse en Londres, Amberes y París, antes de pasar casi los dos últimos años de su vida en Arles, al sur de Francia. Su arte es inseparable de su atormentada vida interior.

Piet Mondriaan, o Mondrian (1872–1944) nació en Amersfoort. Sus pinturas abstractas representan la reducción de un objeto a su más básica y fundamental esencia.

Willem de Kooning nació en Rotterdam en 1904. A los veintidós años se estableció en los Estados Unidos, donde desarrolló su expresionismo abstracto, especialmente en las fantásticas series *Woman*.

Excursiones

Amsterdam es la pequeña capital de un pequeño país; en 10 minutos puede dejar atrás la ciudad y contemplar los primeros molinos de viento y a los campesionos en bicicleta y calzando zuecos.

En una hora puede llegar a cualquiera de las otras principales ciudades holandesas (por ejemplo: a La Haya en 40 minutos; a Rotterdam o Arnhem en 60, a Delft en 45).

Varias compañías de autobuses tienen una serie de programas de excursiones diarias muy bien organizadas. Si no está disponible en su hotel el folleto correspondiente, podrá conseguirlo en la oficina del turismo que está situada frente a la estación principal de ferrocarriles. Si está motorizado y prefiere ir solo, puede elegir

Navegantes de fin de semana disponiéndose a pasear en barcos construidos según la tradición.

entre las distintas excursiones que figuran en las páginas siguientes.

¡Sin embargo, hay otras muchas ciudades interesantes de fácil acceso desde la capital! Entre ellas, pero fuera del objeto de este libro, está Rotterdam; esta ciudad fénix surge de entre las cenizas de la Segunda Guerra Mundial. Desde sus barrios de tiendas libres de impuestos hasta los 200 m de altura del Euromast con su vista de la ciudad y su ruidoso y activo puerto, Rotterdam simboliza la voluntad holandesa, no sólo de sobrevivir a la adversidad, sino de prosperar; pruebas de la resolución holandesa que encontrará en todas partes en esta notable tierra arrancada al mar.

Al lado del Zuyder Zee*

Saliendo de Amsterdam por el IJtunnel y en un lapso de diez minutos se hallará en la tranquilidad absoluta de **Broek in Waterland.** Con sus calles estrechas y casas de madera pretende ser el pueblo más bonito de todos los de Holanda.

Marken, al este de Broek, antigua isla unida ahora a la tierra firme por una calzada, es un pueblo calvinista en el que el vecindario viste trajes estrictos (con relativa frecuencia) y donde se respeta escrupulosamente el cierre dominical de las tiendas y de todo lo que tenga cierto parecido con distracciones.

Volviendo hacia el interior se llega rápidamente a MONNICKENDAM, un antiguo puerto del Zuyder Zee que posee un pintoresco fondeadero moderno, calles empedradas y cientos de casas del siglo XVII rematadas por tejados de dos vertientes.

La próxima parada será en **Volendam,** equivalente católico de Marken, visible al otro lado del agua, adonde vale la pena ir, incluso los domingos. El pintoresco puerto y las calles principales situadas en la parte superior del dique están atestadas de visitantes deleitándose comiendo arenques crudos, anguilas ahumadas y recibiendo amistosas invitaciones del vecindario con trajes típicos para que se hagan una foto con ellos. Incluso puede alquilar un traje para hacerse una foto instantánea.

La famosa ciudad del queso, **Edam** ha permanecido milagrosamente intacta a pesar de tener tanta fama. El singu-

* El viejo Zuyder Zee fue rebautizado IJsselmeer después de terminado el dique de circunvalación que lo separó del Mar del Norte.

EXCURSIONES DESDE AMSTERDAM

FLEVOLAND
ZUIDELIJK FLEVOLAND
HOLLAND
ZUID-HOLLAND
UTRECHT
Immingham, Göteborg
Great Yarmouth
Harwich, Hull
Volendam
Purmerend
Marken
Monnickendam
Broek in Waterland
Zaandam
Nordzeekanaal
IJmuiden
Bloemendaal
Spaarndam
AMSTERDAM
HAARLEM
Zandvoort
Heemstede
Muiden
Muiderslot
Gooi meer
Naarden
Bussum
Weesp
Schiphol
Hillegom
Aalsmeer
Keukenhof
Lisse
Uithoorn
HILVERSUM
Oud-Loosdrecht
Baarn
Soest
Amersfoort
Nijkerk
Barneveld
Veluwemeer
Harderwijk
Ermelo
Apeldoorn
Noordwijk
Oude Wetering
Katwijk
Oegstgeest
Nieuwkoop
Maarssen
Renswoude
LEIDEN
Oudshoorn
Zeist
Wassenaar
Woerden
UTRECHT
Arnhem
Veenendaal
Scheveningen
Houten
Oss
DEN HAAG
('S-GRAVENHAGE)
Zoetermeer
IJsselstein
Rijnkanaal
Nederrijn
Gouda
Moordrecht
Culemborg
1977
Delft
Schoonhoven
Hoek van Holland
Geldermalsen
Tiel
ROTTERDAM
Europoort
Leerdam
Lek
Waal
Maas
Laagblokland
Schiedam
Vlaardingen
Hellevoetsluis
Dordrecht
Kinderdijk
Gorinchem
's-Hertogenbosch

lar centro del pueblo del siglo XVII está dominado por un puente adoquinado que une las dos calles principales (ambas tienen sólo unos 3 m de ancho). Dominando el puente está la Casa del Capitán, que es al presente un museo oficioso de todo lo que el Zuyder Zee ha proporcionado a través de los siglos.

A una distancia de 20 Km de Edam por carretera se encuentra HOORN, una pequeña ciudad con un gran pasado. De aquí salieron algunos de los primeros exploradores holandeses, entre los que figuraron Tasman y Willem Schouten quien fue el primero que, en 1616, dio la vuelta al Cabo de Hornos (que denominó Cabo Hoorn).

La carretera sigue ahora en

El pueblo de Marken, antes isla y ahora unido a tierra, se encuentra situado en una de las regiones más pintorescas.

dirección del pequeño puerto de recreo de **Enkhuizen** actualmente en boga, cuya parte interior está protegida por la torre de vigía y fortificaciones del Dromedaris (Dromedario) del siglo XVI, convertida ahora en centro social de la ciudad con un bar público en el interior. Se puede subir a la torre desde donde se goza de una vista magnífica del IJsselmeer. El **Museo del Zuyder Zee** está instalado en un almacén que data de 1625.

Atravesando el mar, y por lo tanto sólo se puede llegar por barco, se halla la pintoresca reconstrucción en tamaño natural de un **pueblo pesquero del Zuyder Zee.** Los interiores de las habitaciones ilustran de manera encantadora cómo se vivía entre los años 1880 y 1932. El billete de entrada incluye la visita al Museo del Zuyder Zee (museo al aire libre) y el pasaje del barco.

Al regresar ahora hacia Amsterdam vale la pena pasar por ALKMAAR. En verdad, si lleva a cabo este viaje un viernes, entre finales de abril y mediados de septiembre, y es aficionado al queso, tal vez tenga la tentación de invertir totalmente el orden de esta excursión y dedicar su primera visita a Alkmaar. La razón de ello es el mercado semanal de quesos que se celebra en esta época del año en la plaza-mercado de la ciudad entre las 10 de la mañana y mediodía. (En julio y agosto es seguido de un almuerzo al aire libre a base de queso.)

Holandesa luciendo el traje regional de Marken, que tan bien se incorpora a la arquitectura del país.

Los viernes por la mañana acuden los mayoristas para probar los quesos y a continuación pujar en la subasta.

Finalmente tiene lugar el desfile de la Corporación de Portadores de Queso, cuyos miembros, de dos en dos, transportan sobre sus hombros unas angarillas especiales debidamente ajustadas por medio de correas de cuero y llevan no menos de 80 quesos del tamaño de una granada de cañón en cada angarilla hasta la casa de pesaje.

Hay cuatro compañías de portadores de queso, todas vestidas de un blanco inmaculado. Sus sombreros de paja estan barnizados de verde, azul, rojo o amarillo, para indicar a qué compañía pertenecen. Sus angarillas tienen colores idénticos.

De un pólder al otro

Esta excursión le proporcionará una idea directa acerca de las impresionantes realizaciones de la ingeniería hidráulica holandesa y de la recuperación de tierras, representada aquí por el dique de circunvalación *(Afsluitdijk)* de 30 Km que, en 1932, convirtió el vasto golfo de grandes mareas del Zuyder Zee en un lago de agua dulce denominado ahora IJsselmeer, con sus amplios pólderes (extensiones de fondos marinos utilizables).

Después de salir de Amsterdam por el IJtunnel, siga la autopista E10 y las señales para Leeuwarden.

Llegará a MIDDENMEER en su camino hacia el norte sin siquiera sospechar que ya ha penetrado profundamente en la parte más antigua de los tan conocidos pólderes del Zuyder Zee, el Wieringermeer, terminado en 1930 y puesto en cultivo en 1935.

Al extremo oriental de la antigua isla de Wieringen se encuentra el pequeño puerto de DEN OEVER con sus compuertas y esclusas que unen el IJsselmeer con el Mar del Norte. Aquí comienza el **Afsluitdijk** (que encierra el dique), un espectáculo verdaderamente notable.

Saliendo del dique se entra en la provincia de Frisia, región con costumbres y cultura propias e incluso con lengua propia, el frisón.

A unos kilómetros del dique, en dirección sur, se halla **Makkum,** uno de los más famosos centros alfareros de Holanda desde hace más de 300 años (véase pág. 85). Empero ocupa sólo el segundo lugar por orden de importancia, pues el primero, para todos los que se interesan por la cerámica holandesa, es Delft.

Bajando a lo largo de la costa, a unos 16 Km, hay otro pueblo para deleite de los afi-

Miembros de las cofradías de Alkmaar llevando los quesos al mercado.

cionados a las artes y oficios: **Hindeloopen.** Desde el siglo XVI la especialidad de este pueblo ha sido la fabricación de muebles rústicos vivamente coloreados, pintados a mano, con dibujos complicados de flores y hojas entrelazadas.

Siguiendo hacia el sur en dirección de EMMELOORD, vale la pena desviarse hacia el este (30 Km en cada dirección) para visitar GIETHOORN, un pueblo sin calles – sólo hay canales – en el que hasta el lechero se desplaza en barca.

Desde Emmeloord, la carretera principal que va hacia el sudoeste tiene indicadores de dirección para Lelystad y Amsterdam. Ya estamos en las tierras recuperadas al mar

A falta de 3.200 Km de diques, la mayor parte del país sería inundada ya sea por la mar (en color verde) o los ríos (en color verde claro).

después de haber sido cerrado finalmente el Afsluitdijk. Esta es la marisma de Noordoost (Noreste) de 48.000 Ha. completada en 1942 y la más antigua de las tres que cruzará. Todo tiene aspecto de estar bien desarrollado, aunque sólo hace cuarenta años que aquí acababa el mar.

Carretera abajo desde Emmeloord, los indicadores de dirección señalan a la derecha Urk y a la izquierda Schokland. Antes del rescate de terrenos, ambas eran islas que apenas sobrepasaban el nivel del Zuyder Zee.

La antigua isla de URK es al

Tierra bajo el mar

Ya en el siglo XII, los monjes holandeses y los propierarios de tierras empezaron a rescatar tierras a la mar. Cada superficie de nuevas tierras rescatadas es denominada pólder.

Hoy en día, más de la mitad de los 13 millones de habitantes de Holanda viven en tierras arrancadas a la mar y que están protegidas por unos 3.200 Km de dunas y diques. Donde aterrizan ahora los grandes aviones de reacción en el aeropuerto de Schiphol, tuvo lugar en tiempos una batalla naval contra los españoles, puesto que aquello era el Lago de Haarlem. Las tierras rescatadas del lecho del IJsselmeer representarán probablemente un aumento del 5% de la superficie del territorio nacional.

En febrero de 1953, una marejada sin precedentes arrancó varios muros de contención. Las consecuencias fueron trágicas: numerosos muertos, propiedades devastadas y tierras agrícolas anegadas. Para prevenir la repetición de esta clase de desastres, los holandeses están procediendo actualmente a cerrar los principales brazos de mar del delta del Waal (Rin). El Plan Delta es otra de las extraordinarias realizaciones de los ingenieros holandeses que causan asombro en el mundo entero.

presente un pueblo de pescadores al borde de la tierra firme. La activa flotilla se hace a la Mar del Norte pasando las compuertas en el Den Oever.

Si se dirige ahora hacia Amsterdam podrá comprobar las diferentes fases de desarrollo de los dos pólderes de Flevoland, el Oostelijk (Este) terminado en 1957 – ya verdea con algunos arboles – y el contiguo Zuidelijk (Sur) de 1968 situado detrás de LELYSTAD, que aún se halla en estado inculto y pantanoso, y es un paraíso para las aves zancudas. Contará las garzas y golondrinas de mar por tantos, los urogallos, gaviotas y patos por millares.

A su derecha verá la inmensa extensión de diques del IJsselmeer, aparentemente sin objeto. Están destinados a cir-

El escueto trazado geométrico del terreno delata el origen de un pólder (aquí el Flevoland del Este).

cundar el gigantesco pólder de Markerwaard, cuya construcción está en suspenso en la actualidad.

Poco después del puente que une el Pólder Sur con la tierra firme, en dirección de Amsterdam, se encuentra el todavía repulsivo **castillo de Muiden** *(Muiderslot)*, construido en el siglo XIII. Uno de los primeros visitantes fue el conde Floris V, quien concedió su Carta a Amsterdam en 1275. Una de sus visitas acabó trágicamente puesto que aquí fue asesinado en 1296. En la antigua fortaleza está instalado ahora un museo histórico.

Desde qui se regresa rápidamente, 16 Km de paseo en coche, al centro de la ciudad, pasando al lado del canal Amsterdam-Rin.

Vendedoras de tulipanes. Al lado, contraste en Haarlem: escultura moderna y el Vleeshal del Renacimiento.

Haarlem y la huella de los tulipanes

200.000 habitantes
(19 Km de Amsterdam)

El centro de la ciudad de Haarlem, un tesoro de edificios de los siglos XIV, XV y XVI, está dominado, casi intimidado, por la maciza **Catedral de San Bavo.** Dentro de este monumento del siglo XV hay uno de los más bellos órganos de iglesia de toda Europa, un instrumento trimanual de 5.000 tubos, instalado en 1738. Mozart y Handel tocaron en él y podrá apreciar personalmente su calidad durante el verano con oportunidad de los recitales organizados los martes y jueves.

El **Vleeshal** (mercado de la carne), que está frente a la iglesia, está considerado como el más delicado edificio holandés del Renacimiento. Más adelante se halla el **Museo de Frans Hals,** dedicado al más famoso hijo de la ciudad (1580?–1666).

En verano tal vez desee ir hasta ZANDVOORT para bañarse en el Mar del Norte. En agosto puede asistir al *grand prix* de las carreras de automóviles y en todo tiempo puede jugar en el nuevo casino, pero desde mediados de abril a finales de mayo la ruta floral le

llama hacia el sur de Haarlem.

Jamás en su vida habrá visto tantos tulipanes como en los centenares de hectáreas que les están reservadas desde HEEMSTEDE y HILLEGOM hasta LISSE, plantados en rectángulos impecables según los colores. Antes de llegar a Lisse las 29 Ha. del campo de flores de **Keukenhof** forman un jardín excepcional en el que durante dos meses, a partir de finales de marzo, se llevan a cabo sucesivamente exposiciones de azafranes, jacintos y narcisos, y antes y después de esa época de lozanos tulipanes.

A poca distancia de Lisse por carretera está la **almoneda de flores cortadas** de Legmeerdijk, cercana a AALSMEER, donde millones de rosas, claveles, fresias, lilas y otras flores son vendidas a todo lo largo del año. Los visitantes son admitidos todos los días por las mañanas, salvo los domingos.

Leiden

100.000 habitantes
(40 Km de Amsterdam)
Esta vieja ciudad universitaria, lugar de nacimiento de Rembrandt y Jan Steen, puede ser visitada de manera apropiada como una ampliación del viaje a Haarlem o como un alto en el camino que conduce a La Haya, Delft o Rotterdam.

La oficina de información turística, que está en Stationsplein 210, frente a la estación del ferrocarril, es un buen lugar para empezar. Provisto de un folleto oficial, puede visitar en primer lugar **Lakenhal,** antigua casa del gremio de los pañeros, a unos pasos más allá del Oude Singel.

El vecino Rijksmuseum voor Volkenkunde (Museo de Etnografía) posee ricas colecciones procedentes, principalmente, de los países tropicales de Asia y Africa.

Detrás del jardín del museo hay una de las puertas de la ciudad del siglo XVII, la Morspoort.

Breestraat es la activa calle principal de la **ciudad antigua.** En la parte alta, en el lado izquierdo, puede verse la magnífica fachada del siglo XVII del Stadhuis (Ayuntamiento), que fue la única parte del edificio original que resistió a un incendio catastrófico acaecido en 1929. Si pasado este inmueble tuerce a la izquierda llegará a un **puente cubierto** desde el que se disfruta de vistas magníficas.

Más allá del puente está el corazón de la ciudad antigua, el altozano artificial llamado la **Burcht** (Ciudadela), que data del siglo XI. Algunos de los antiguos y bellos hospicios de la ciudad, entre los que sólo mencionaremos la Hooglandse Kerk (Iglesia de San Pancracio), embellecen esta zona.

La maciza iglesia gótica de **St.-Pieterskerk** (Iglesia de San Pedro) se halla al otro lado de la Breestraat. Fue consagrada en 1121, a pesar de que la construcción sólo terminó a principios del siglo XV.

En la calle Kloksteeg, frente a la mencionada placa, se encuentra **Jan Pesijnhofje,** otro de los atractivos grupos de hospicios que han dado fama a Leiden y que fue fundado en 1683.

La calle Kloksteeg desciende hacia el **canal de Rapenburg,** al otro lado del cual está la **Academie,** edificio principal de la universidad. Fundada en 1575 por Guillermo el Taciturno, como recompensa a la ciudad por su heroica resistencia a un prolongado sitio impuesto por los españoles, la Academia no ha cambiado prácticamente desde hace 400 años. El Jardín Botánico que está detrás es de la misma época.

Aproximadamente frente a la Academia, al otro lado del canal Rapenburg, el Rijksmuseum voor Oudheden (Museo Nacional de Antigüedades) contiene la más bella colección nacional de momias egipcias e inscripciones jeroglíficas.

Para regresar a la calle Breestraat, tuerza a la derecha al final de Kloksteeg y siga el canal Rapenburg.

La Haya

600.000 habitantes
(55 Km de Amsterdam)
Denominada oficialmente 's-Gravenhage («el seto del conde»), pero por todos conocida como Den Haag, La Haya es la ciudad diplomática de Holanda, la sede del gobierno y de la Corte Internacional de Justicia, así como el más elegante centro de compras del país. A pesar de que Amsterdam es la ciudad más importante, La Haya reclama las glorias ceremoniales del gobierno.

Indiscutiblemente, la joya de La Haya es el **Binnenhof,** que ha sido descrito como «milagrosa amalgama de patios, palacios, arcos y puertas», tiene algunos muros y arcadas que datan de finales del siglo XIII. En septiembre, los Reyes de Holanda llegan aquí en carroza dorada para presidir la apertura del parlamento.

El parlamento holandés se reúne en el magnífico **Ridderzaal,** o Sala de los Caballeros, que está adornada con grandes vigas y vidrieras de colores y saturada de sabor a historia. El Ridderzaal está considerado como uno de los más bellos monumentos góticos de Europa del Norte.

Dé también un paseo a pie por el vecino **Buitenhof** (otro patio) y empezará a comprender porqué La Haya considera a su rival, Amsterdam, como una arribista ciudad comercial del siglo XVII.

Para tener una perspectiva diferente de la vida medieval, visite la Gevangenpoort («Puerta de la Prisión»), museo de la tortura que está en el N.º 33 de la calle Buitenhof y en el que están expuestos objetos evocadores de los días sombríos y sangrientos de la ciudad. El museo está abierto de abril a octubre de lunes a viernes desde las 10 de la mañana hasta las 5 de la tarde, y los sábados y domingos de 1 a 5 de la tarde; cerrado los días festivos.

La puerta inmediata al edificio del parlamento es la del **Mauritshuis,** residencia que fue construida por el gobernador holandés del norte de Brasil entre 1637 y 1644. Al presente contiene una de las más bellas pequeñas colecciones de arte del mundo. Entre los 400, o más, cuadros expuestos figuran varias obras de Rembrandt (entre ellas varios autorretratos a distintas edades y *La lección de Anatomía del Dr. Tulp*), *la Vista de Delft* de Vermeer y cierto número de lienzos de Jan Steen, Frans Hals y otros pintores.

Al otro lado de Hofvijver se halla el barrio más distinguido de La Haya: el rectángulo comprendido entre Lange Vijverberg, Lange Voorhout y Korte Voorhourt. En particular, Lange Voorhout, una amplia avenida adornada con árboles y bordeada por edificios de los siglos XVI y XVII, algunos de los cuales se emplean como embajadas, tiene un estilo muy característico.

Si no tiene tiempo para ir hasta la playa, una visita a Panorama Mesdag, en Zeestraat 65b, le dará al menos una idea pictórica de lo que eran en 1881 las playas vecinas de Scheveningen.

Muy cerca, en Zeestraat 82, está el Nederlands Postmuseum (Museo Postal Holandés), que posee una interesante exposición del correo a través de la historia.

Un corto paseo lleva desde aquí al **Vredespaleis** (Palacio de la Paz), que se encuentra en Carnegieplein. Es la sede de la Corte Internacional de Justicia y de sus organismos auxiliares. El palacio está abierto a las visitas del público

---

1 Congresgebouw
2 Haagse Gemeentemuseum
3 Madurodam
4 Vredespaleis
5 Nederlands Postmuseum
6 Panorama Mesdag
7 Gevangenpoort
8 Buitenhof
9 Binnenhof
10 Mauritshuis

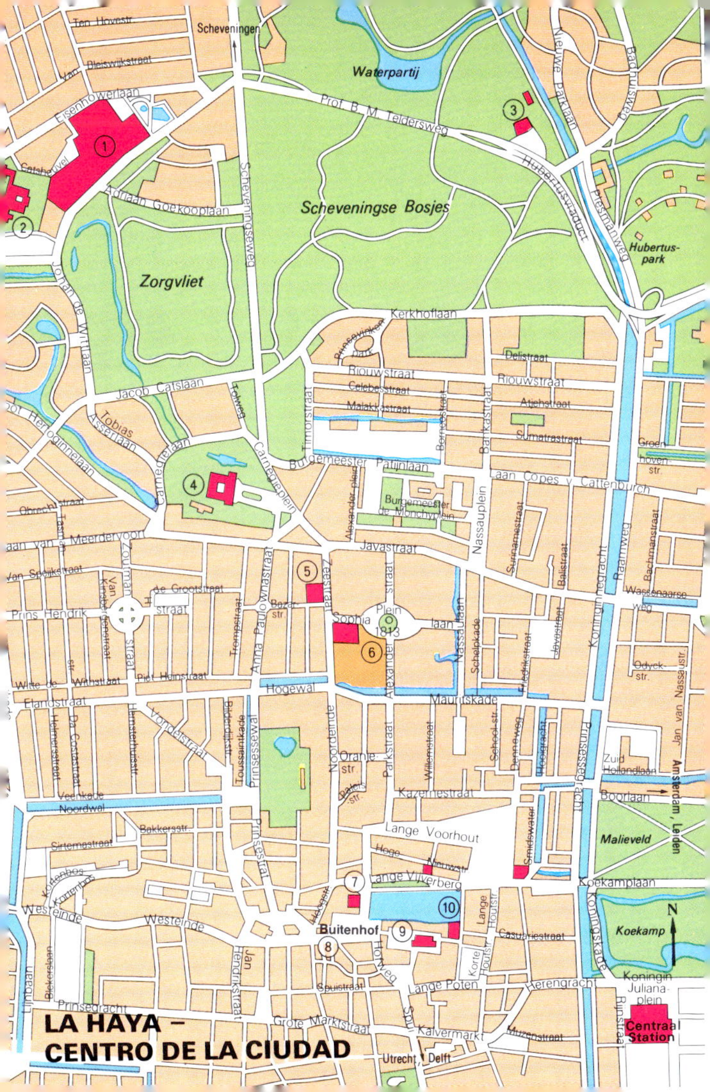

LA HAYA – CENTRO DE LA CIUDAD

durante todo el año, desde las 10 de la mañana hasta mediodía y desde las 2 hasta las 4 de la tarde, de lunes a viernes.

El **Haagse Gemeentemuseum** (Museo Municipal), que está en la Stadhouderslaan 41, posee la más importante colección del mundo de obras del artista holandés neoplástico Piet Mondriaan (1872–1944) (véase pág. 61), así como lienzos de Picasso, Monet y van Gogh y también esculturas de Henry Moore y Bárbara Hepworth.

Los niños en particular, pero no exclusivamente, apreciarán la ciudad en miniatura de **Madurodam.** En este espacio de 1,5 Ha. han sido reproducidos a escala de 1:25 unos 150 famosos edificios de Holanda. Al crepúsculo, 50.000 luces minúsculas centellean en sus calles.

Los históricos edificios gubernamentales que rodean la Hofvijver en La Haya. Der.: Iglesia Nueva y mercado de Delft.

Madurodam tiene una alcaldesa y un consejo municipal formado por 32 escolares del lugar, elegidos anualmente.

Se puede visitar diariamente desde las 9,30 de la mañana, de abril a octubre; cierra a las 10,30 de la noche de abril a junio, a las 11 de la noche en julio y agosto, a las 9,30 de la noche en septiembre y a las 6 de la tarde en octubre.

Si le interesa el fausto de la casa real, vaya a la residencia de la reina, Huis ten Bosch, situada en la periferia oriental de La Haya.

Para terminar su rápida excursión a La Haya, nada mejor que un paseo a las playas de **Scheveningen,** famosa estación balnearia, donde se encuentra el casino más grande de Europa.

En su viaje de ida (o vuelta) a Amsterdam, si dispone de un coche, trate de pasar por WASSENAAR, pequeña localidad situada a 10 Km al norte de La Haya. Esta es la zona residencial más renombrada y elegante de Holanda.

Delft

80.000 habitantes

(56 Km de Amsterdam)

A proximidad inmediata de La Haya y a unos 15 minutos de Rotterdam por carretera, Delft es una de las más pintorescas ciudades de Holanda, patria de la característica cerámica azul y blanca que lleva su nombre y sede de una importante universidad tecnológica.

En verano puede usted ofre-

Si actualmente los molinos de viento son tan solo una decoración en el paisaje holandés, en tiempos pasados desempeñaron trabajos muy importantes de drenaje de las tierras.

cer un descanso a sus pies fatigados alquilando un taxi acuático de la red de Delft que circulan por las alamedas de canales atravesadas por gráciles puentes levadizos de altas bóvedas.

Casi todas las calles de la ciudad interior están flanqueadas de atractivas casas medievales, pero el punto que más atrae la atención es la amplia **plaza del mercado** una de las más encantadoras del país.

En el extremo occidental se halla el **Raadhuis** (Ayuntamiento) de estilo barroco, pero esta alargada plaza está dominada por la **Nieuwe Kerk** (Iglesia Nueva). Su construc-

País de molinos de viento
Los molinos de viento de Holanda, hoy en día simple decoración en el paisaje, fueron antaño esenciales para la supervivencia del país. Sin el drenaje realizado por los molinos, el país no hubiera estado libre de las aguas en su totalidad y muchos campos hubieran continuado estando guarnecidos de lagos.

Los 950 molinos que aún existen en toda la nación están protegidos como monumentos y existen varios lugares en los que puede verse un número importante de variedades:

En los museos al aire libre de Arnhem, a 96 Km de Amsterdam, y de Zaanse Schans, cerca de Zaandam, a 16 Km al noroeste de Amsterdam, han sido conservados varios tipos diferentes de molinos. En Zaanse Schans existe un molino aserradero y otro para producir aceite.

En Schiedam, a unos 13 Km de Rotterdam, hay un sorprendente número de grandes piedras de molino que en tiempos guarnecían las murallas.

Pero la formación más impresionante es probablemente la existente en Kinderdijk cerca de Rotterdam. Hay aquí 19 molinos de viento y en los meses de julio y agosto, los sábados por la noche funcionan 17 de ellos y sus aspas giran al unísono. Al menos uno puede ser visto en actividad todos los días de la semana de abril a octubre.

Como todas las ciudades holandesas, Amsterdam estaba herizada de molinos de viento. Al presente sólo quedan cuatro, uno de ellos es utilizado como restaurante de las afueras de la ciudad, otro está en una loma cubierta de césped que domina el río Amstel en la zona sur de la ciudad, un lugar ideal para tomar fotografías de recuerdo durante sus vacaciones.

ción se inició en 1384 y se necesitaron 100 años para terminarla; al correr de los siglos ha ido adquiriendo un especial significado para los holandeses. No sólo es la última morada de Guillermo el Taciturno, fundador de la nación, sino también de otros muchos miembros de la Casa de Orange.

A pesar de que murió en el exilio, Hugo de Groot, o Grocio (1583–1645), considerado a menudo como el padre del derecho internacional, era hijo de esta ciudad y ha sido debidamente honrado con un monumento fúnebre.

En la misma plaza puede verse además el antiguo Boterhuis (mercado de la manteca) y el Waag (peso público).

Saliendo de la plaza del mercado por el lugar en que termina el ayuntamiento, cruce el Wijnhaven y llegará al canal Oude Delft, venerable vía fluvial que data de hace casi 1.000 años.

Aproximadamente 200 m más arriba del Oude Delft, hacia la derecha, hay otros dos monumentos importantes de la ciudad, a un lado la Oude Kerk y al otro el Prinsenhof.

La **Oude Kerk** (Iglesia Vieja) fue comenzada a principios del siglo XIII y ha sido renovada en distintas ocasiones. Observe su bella torre y su espira inclinada.

El **Prinsenhof** es otro edificio de especial significado para los holandeses. Fue primero un convento y en 1572 se convirtió en la residencia de Guillermo el Taciturno. En 1584 debía morir aquí asesinado por un hombre a sueldo del rey de España, Felipe II.

Parte del Prinsenhof está dedicada ahora a un museo de la guerra de la independencia holandesa (1568–1648). En verano se celebra aquí cada año una feria de antigüedades. Aun cuando la fecha es móvil, pregunte en cualquier oficina del turismo si le interesa asistir a ella.

Más allá del Prinsehof, en el Oude Delft, está el **Museum Huis Lambert van Meerten,** que contiene una de las más importantes colecciones del país de porcelanas de Delft y cerámicas holandesas de casi todos los tipos y dibujos existentes.

Si le interesan los productos modernos de Delft puede que desee realizar una excursión a la única fábrica de la ciudad que subsiste de las 30 que aquí florecieron en el siglo XVII. Los días laborables, De Porceleyne Fles, a poca distancia del centro, en Rotterdamse Weg 196, recibe a los visitantes.

Lo que hay que hacer

Compras

Amsterdam tiene cientos de tiendas pequeñas diseminadas a través de su poblada zona central, en las que se ofrecen toda clase de objetos desde las antigüedades de porcelana de Delft hasta las raras especias orientales.

Hay además varios mercados diarios al aire libre y otros ocasionales. El más conocido es el rastro (véase

Boutiques y tiendas hacen de las compras un placer en Amsterdam.

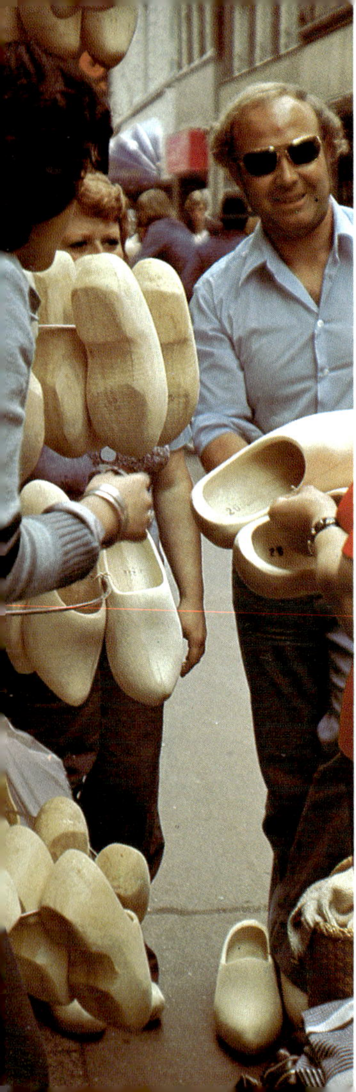

pág. 48), pero merece también una visita el pintoresco, abarrotado y práctico mercado Albert Cuyp, situado al sur del centro y al que van a parar las líneas de tranvías 4, 7, 16, 24 y 25.

Horas de compras
Muchas tiendas están abiertas desde las 9 de la mañana hasta las 5,30 ó 6 de la tarde, de lunes a sábados (si bien algunas de ellas sólo abren los lunes a partir de la 1 de la tarde). Casi todas permanecen abiertas hasta las 9 de la noche los jueves. En muchas tiendas se habla inglés (así como francés y alemán).

Lo que hay que comprar
Los **diamantes** figuran en cabeza de la lista de compras de muchas de las personas que visitan Amsterdam. La ciudad tiene una larga y sólida reputación desde hace más de 400 años en lo concerniente al tallado y pulido de diamantes.

Plata es otra compra garantizada, la calidad es controlada por los inspectores gu-

Los zuecos de madera constituyen un regalo típico. En Amsterdam abundan las antigüedades de valor, pero las gangas son raras.

bernamentales. (El oro no puede ser llamado así salvo si tiene por lo menos 14 quilates.)

El **peltre** forma parte de las viejas tradiciones holandesas. Probablemente el primer propagandista fue el pintor Juan Vermeer en sus obras maestras del siglo XVII. Es tan decorativo como útil.

ceden de Gran Bretaña o Francia.

Delft es una palabra casi sinónima de Holanda y la característica cerámica holandesa está en venta en numerosos comercios de Amsterdam. Desconfíe de las imitaciones y diríjase a una buena tienda o a un comerciante experto.

Las **antigüedades** abundan a profusión. Amsterdam tiene 140 tiendas de antigüedades, una buena cincuentena de ellas en la Nieuwe Spiegelstraat y en su prolongación cerca del Rijksmuseum. Pero aproximadamente el 50% o más de los objetos vendidos en Spiegelstraat se dice que pro-

La **cerámica de Makkum** tiene colores y dibujos más delicados que la de Delft y es preferida por gran parte de la población local. Los artículos auténticos son pintados a mano y cada pieza lleva la palabra Makkum.

Cigarros holandeses, conocidos mundialmente, abundantes y baratos, constituyen una buena adquisición (véase también pág. 107).

La **ginebra holandesa** *(jenever)* tiene un gusto especial. Hecha con nebrina, es más aromática y menos fuerte que la ginebra inglesa (véase también pág. 98).

Si viaja por avión, lo mejor es que espere y compre sus licores y cigarros en las famosísimas tiendas libres de impuestos del aeropuerto de Schiphol.

Las **flores** y las **plantas** son excepcionales por su calidad y variedad, si puede llévelas a su domicilio suponiendo que no haya restricciones al respecto en su lugar de destino. Los tenderos están al corriente de todo cuanto se refiere al envío de bulbos por correo, si prefiere utilizar esta posibilidad.

Recuerdos

Si desea conservar de sus vacaciones un recuerdo material distinto de los que se encuentran por todas partes, pruebe a ver en la zona del viejo Jordaan (véase pág. 38). Este sector ha conquistado buena fama como lugar de compras tan solo hace algunos años y no tiene una pauta bien definida. Pero mire y acabará por descubrir toda clase de pequeñas tiendas excéntricas. Viejas bo-

El patrón azulejo

Los vendedores de antigüedades de Amsterdam dicen que el patrón azulejo ha asumido la función del patrón oro. Los ejemplares raros pueden costar en la actualidad una pequeña fortuna, y los coleccionistas podrán descubrirlos tanto en las humildes casas de campo, como en las mansiones residenciales pues las amas de casa gustan de guarnecer sus cocinas con ellos.

Los azulejos modernos, todo el mundo lo reconoce, no son más que vulgares substitutos. Son delgados y en conjunto demasiado perfectos desde el punto de vista del dibujo y vidriado.

Los verdaderos azulejos antiguos se distinguen a menudo por el tipo de mortero que está pegado a él, por su grueso y por la auténtica calidad del dibujo y del vidriado. Los azulejos antiguos con motivos de pájaros son raros y costosos y, por ejemplo, los barcos de tres palos son objetos de colección, especialmente si tienen una bandera tricolor.

La producción tradicional de azulejos holandeses se interrumpió hace aproximadamente un siglo, pero los comerciantes de Spiegelstraat se las arreglan como pueden para descubrirlos en el campo. Los precios dependen de la calidad y varían muchísimo.

tellas deformes, té y especias exóticas, abalorios, bujías de 5.000 formas y tamaños diferentes, cestería y pantallas de junquillo o bambú; he aquí algunos de los pintorescos artículos que descubrirá en las tiendas del Jordaan.

Diversiones

Puede patinar, bailar, oír un concierto, montar en bicicleta; las posibilidades de distraerse en Amsterdam o en sus inmediaciones son diversas y casi siempre hay oportunidad de hacer lo que uno desee.

Clubes nocturnos. En Amsterdam raros son los establecimientos de esta clase que tienen categoría internacional. Especialmente alrededor de la Rembrandtsplein encontrará lo que más se parece en Holanda a este tipo de distracciones.

Las **Discotecas** abundan en las inmediaciones de Leidseplein, pero se hallan también dispersas por toda la ciudad. La entrada es de ordinario libre. Es costumbre dar una

Los disfraces e indumentos extravagantes están a la orden del día con ocasión de las numerosas y divertidas festividades.

propina al encargado del guardarropa y al portero (por lo menos un gulden a cada uno al salir).

Casino: El Casino Amsterdam del Hotel Hilton ofrece juegos de azar, como la ruleta, el blackjack y otros.

Los **cines** están concentrados alrededor de la Rembrandtsplein. En todas partes las películas son presentadas en versión original con subtítulos en holandés.

Música: Si puede obtener billetes para oír a la orquesta del Concertgebouw en el mismo Concertgebouw (*gebouw* quiere decir edificio) asistirá a un extraordinario espectáculo musical.

El **jazz** puede escucharse todos los fines de semana en el Joseph Lam Jazzclub (van Diemenstraat 8), y todas las noches, excepto los domingos, en el Bamboo Bar (Lange Leidsedwarsstraat 64).

Para seguir un programa de **música regional** acuda al String, situado en Nes 98.

Ballet: Holanda es un país rico en bailes clásicos. Trate de ver el Ballet Nacional Holandés, o si prefiere el estilo de vanguardia el Nederlands Danstheater que ha obtenido muchos éxitos.

El **Festival de Holanda** de arte, música, baile y teatro se celebra en numerosos lugares del país, pero principalmente en Amsterdam en el mes de junio. Los billetes para los espectáculos más famosos difícilmente pueden obtenerse, a menos que se reserven con bastante antelación.

Artis Zoo está en Plantage Middenlaan (tranvía 9). Fundado en 1838 posee las especies habituales de animales desde los elefantes hasta los ratones.

El **Jardín Botánico** *(Hortus Botanicus)* está relativamente cerca a pie de la Rembrandtsplein (o bien con el tranvía 9).

Subcultura: Dos centros situados cerca de la Leidseplein eran conocidos en el pasado como lugares de consumo de drogas blandas y vistos por la policía con cierta tolerancia. Ambos han prosperado rápidamente y, a pesar de que en el aire sigue habiendo cierto olor a mariguana, son ofrecidos en ellos al presente distracciones de primera clase: representaciones de teatro holandés de vanguardia, ballet inglés o conciertos de música popular.

Tanto la Plaza del Dam como Vondelpark pueden convertirse en escenario de sucesos especiales.

DE BIJENKORF
DE BIJENKORF

Festivales de Amsterdam

Febrero
Exactamente antes de Cuaresma, hay «recaídas» limitadas de los excesos del Carnaval de Holanda meridional en algunos bares y calles de Amsterdam: disfraces, bailes, mayor consumo de cerveza y música.

Marzo
El Festival de Arte de Amsterdam ofrece una amplia variedad de actividades culturales como ópera, danza, ballet, teatro (incluso compañías de lengua inglesa) y otros espectáculos.

Abril
El 30 de abril es el Día de la Reina; fiesta popular en la que todos salen de paseo. Los niños instalan puestos y venden cualquier cosa. Los músicos callejeros están autorizados a actuar todo el día y recoger dinero. Una fiesta local única a la que debe tratar de asistir.

Junio-Julio
El Festival de Holanda es una notable oportunidad cultural en lo concerniente a la música, ballet, ópera, teatro y recitales. Haga sus planes con bastante antelación si desea obtener billetes para los acontecimientos más populares, que se celebran en las distintas ciudades de Holanda, principalmente en Amsterdam.

Paralelamente a esta fiesta se lleva a cabo el Festival del Parque Vondel. Desde el miércoles hasta el domingo se ofrecen espectáculos al aire libre: conciertos, bailes, teatro y representaciones especiales para niños.

Septiembre
A principios del mes, un enorme desfile floral va desde Aalsmeer a Amsterdam y regresa.

El segundo viernes del mes empieza el Festival del Jordaan, diez días de diversión y alegría en esta amistosa zona de la ciudad antigua.

Noviembre-Diciembre
A mediados del mes de noviembre llega San Nicolás desde España en un barco con su criado moro, Pedro el Negro, y recorre la ciudad montado en un caballo blanco. Hasta el 5 de diciembre los niños holandeses puede que al despertarse descubran que durante la noche un regalo fue depositado en el zapato que dejaron al lado de la chimenea. El 5 de diciembre tiene lugar el *pakjesavond* (noche de los paquetes), tradicional fiesta de familia. Al día siguiente Sinterklaas se va de nuevo a España.

Patinando sobre uno de los numerosos canales congelados para celebrar la llegada de un invierno más frío que de costumbre.

Deportes

Agua, siempre agua, lo que hace que muchos deportes acuáticos puedan ser fácilmente practicados. De hecho, la demanda de **barcos y yates** en los lagos cercanos a la ciudad es tan grande, que es casi imposible alquilar una embarcación en un corto plazo durante los meses de verano. El mismo problema tendrá si desea alquilar un patín de pedales, una motora o un pequeño barco-casa (con piloto) en los canales de Amsterdam. Trate de reservar con antelación.

Puede practicar el **esquí acuático** en algunos lagos y **nadar** en las inmensas playas de arena del Mar del Norte (pero siempre tenga presente que el agua tiene las temperaturas características del norte de Europa).

El **patinaje** puede practicarse en el estadio Jaap Eden, que posee pistas interior y exterior, y está en Radioweg (tranvía 9; autobuses 8, 59). Los holandeses son campeones mundiales de patinaje de velocidad y en invierno abundan las competiciones.

Fuera del agua, el **fútbol** es la pasión deportiva de los holandeses. Tomando contacto con la persona apropiada puede lograr una entrada para ver a uno de los mejores equipos de Europa en acción, al idolatrado Ajax de Amsterdam.

La **bicicleta** para ir a muchos sitios de la ciudad o del país es probablemente el medio más apropiado. Para dar un paseo agradable, elija un domingo, si puede, cuando el tráfico es poco abundante.

En el Tenniscentrum «Nieuw BV», situado en Lotsylaan 8, se encuentran aproximadamente 30 canchas de **tenis** (tranvía 5, autobús 26).

Para practicar la **equitación** pruebe suerte en Amsterdamse Bos (Bosques de Amsterdam). Las caballerizas alquilan monturas para paseos en grupo (autobús 26).

Los **jugadores de golf** no están tan bien servidos. A menos que se las ingenie para lograr una introducción en el Club de Golf de Amsterdam, en Duivendrecht, tendrá que contentarse con un recorrido de **mini-golf** en Sloterpark (President Allendelaan).

Comidas y bebidas

Se afirma que Amsterdam ofrece mayor variedad de comidas y restaurantes que cualquier otra ciudad de Europa. Sin duda alguna, el lugar de honor corresponde a la cocina indonesia, que ocupa el primer puesto entre las preferencias de los holandeses.

Restaurantes

Mientras que los restaurantes indonesios y chinos son los que más abundan en el centro de Amsterdam, la extraordinaria lista de restaurantes internacionales va de Surinan a Yugoslavia, de España a Escandinavia, de Japón a Grecia, de Hungría a Francia, de Italia a Paquistán, o hasta Turquía con bellas bailarinas en sus restaurantes y varios establecimientos macrobióticos.

¿Quiere comer cocina holandesa? Es raro, pero verdaderamente es difícil descubrirla.

Hay cerca de 40 restaurantes en la ciudad que proponen un «menú turístico». La indicación, acompañada por un tenedor, anuncia que se sirve una comida de tres platos por un precio fijo. La calidad es buena en general, dentro de un marco sencillo. Muchos menús están impresos en dos o tres lenguas.

Todos los servicios e impuestos serán incluidos en la factura, pero es costumbre redondear el total o bien dar uno o dos gulden adicionales si el servicio ha sido especialmente bueno.

Los restaurantes de Amsterdam son tan variados en su ambiente como en sus menús. Puede cenar en un restaurante situado en el último piso de un edificio con una vista sobre la ciudad, o bien en un sótano al nivel de las aguas del canal, en un molino de viento o en una antigua iglesia.

Pues bien, he aquí como tomar una buena comida en Amsterdam, o *eet smakelijk*, como dicen los holandeses.

Comidas de estilo indonesio

Empecemos con lo que los holandeses han llegado a considerar como su plato nacional, el casi obligatorio *rijsttafel* indonesio (literalmente, mesa de arroz).

En un *rijsttafel* hay aproximadamente 32 platos. Cuando esta colección impresionante

Digno de un príncipe, el suculento y picante rijsttafel.

llega a su mesa, acompañada de arroz y un buen tazón de sopa, organice el banquete de esta forma: coloque un montón de arroz en el centro de su plato y ponga alrededor cucharadas de las diferentes especialidades, *babi ketjap* (cerdo en salsa de soja), *daging bronkos* (carne asada en salsa de leche de coco), *sambal goreng kering* (patatas dulces), *oblo-oblo* (mezcla de habas de soja), etc.

Cualquier cosa que contenga la palabra *sambal* será muy picante. Incluso el plato de frutas mixtas en jarabe, *rudjak manis,* será muy picante. Un poco de todo, algo corruscante, gambas empanadas, pepinos agrios, pollo desmenuzado, nueces, bananas fritas – no olvide el espetón de dados de carne con salsa de cacahuetes llamado *sateh* – la mesa de arroz es una experiencia inolvidable en lo que se refiere a las comidas.

Si no se atreve a atacarse a un *rijsttafel* completo, puede probar el pequeño y barato *nasi goreng,* llamado de costumbre *minirijsttafel,* que es simple y servido en un solo plato. Teniendo en cuenta la categoría del restaurante y el tamaño del *nasi goreng,* éste puede costarle la mitad del precio de un *rijsttafel.*

Cocina holandesa

Muchos restaurantes no especializados ofrecen una mezcla de cocina internacional – *entrecôtes,* escalopes de Viena, espaguetis, etc. – con algunas peculiaridades holandesas. Así por ejemplo, *biefstuk* es un filete pero siempre empanado y no asado. Las patatas fritas, en la versión holandesa, son fritas enteras y no cortadas.

La famosa sopa holandesa de guisantes (*erwtensoep,* pronúnciese ERR-te-sup) es rica y espesa y constituye por sí sola una pequeña comida.

El pescado en Holanda es fresco y excelente. Abundan los lenguados *(tong)* que son servidos en una docena de preparaciones clásicas francesas: con frutas, con gambas, con setas, con salsa de vino, incluso sólo hervidos o asados. Se encuentra también salmón fresco *(zalm),* halibut *(heilbot),* rodaballo *(tarbot),* bacalao *(kabeljauw),* eglefino *(schelvis)* así como ostras *(oesters)* y mejillones *(mosselen).* Las anguilas ahumadas *(gerookte paling)* son una especialidad holandesa que no debe olvidar.

Si la carne holandesa tiende a variar en calidad, las verduras en cambio son de primera clase. Las alcachofas *(artisjokken)* en la estación correspondiente son apropiadas como entrada y para los platos principales existe toda una gran variedad de guisantes *(erwtjes)*, alubias *(bonen)*, espinacas *(spinazie)*, zanahorias *(worteltjes)* y coles de Bruselas *(spruitjes)*, etc. Una agradable costumbre holandesa de la época colonial consiste en espolvorear nuez moscada en las verduras.

Las ensaladas son buenas pero limitadas en lo concerniente al estilo. En general acompañan a la carne. Para empezar la comida con una ensalada puede tomar «huevos a la rusa» *(Russisch ei)*, mezcla de vegetales cocidos con salsa mayonesa, coronados por un huevo cocido cortado en rodajas, o bien una «ensalada de húsares» *(Huzarensla)*, mezcla cremosa de patatas, verduras, pescado y carne.

En Holanda no existe la tradición de comer queso después del plato principal. El holan-

Si no tiene ganas de ser servido en un restaurante vaya al puesto de venta de anguilas ahumadas que tanto aprecian los holandeses. Los arenques ahumados también tienen mucho éxito.

dés prefiere su Edam, Gouda y Leidsekaas (queso de Leiden) en el almuerzo y el desayuno.

El holandés no es muy aficionado a los postres, pero no hay razón alguna para imitarlos. La tarta de manzana *(appeltaart)* se encuentra fácilmente, con sus rodajas de manzanas, pasas de Esmirna y canela. Hay también frutas frescas. Los *Flensjes* son hojuelas delgadas. Y si desea un postre frío picante, pruebe el típico postre holandés *gember met slagroom* (trozos de jengibre fresco con grandes cantidades de nata).

Las tiendas de bocadillos así como los acogedores bares forman parte de la vida holandesa.

Desayuno *(ontbijt)*
Con tal abundancia de comida, no hay que asombrarse de que el holandés no tome postre después de la cena. Tres o cuatro clases de pan son obligatorias, entre las que figuran el pan ordinario y un pan de centeno, jamón, trozos de queso, confitura, más lo que pida, «¿Desea un huevo, señor?». Paradójicamente, hoy día los grandes hoteles cargan en cuenta un desayuno pequeño,

mientras que los pequeños hoteles de familia le ofrecerán este formidable banquete comprendido en el precio de la habitación.

Tentempié

Aquí las famosas tiendas de bocadillos *(broodjeswinkels)* holandeses se imponen por sí mismas.

El bocadillo tiene la forma de un panecillo relleno con tal vez cinco o seis lonchas de jamón, queso o salchicha, o con abundantes gambas rebozadas, ensalada cremosa o carne a la tártara.

Broodjeswinkels tiene un servicio rápido, está siempre abierto y presenta una importante lista de precios.

Otra tradición holandesa es la de los hojaldres *(pannekoeken)*. Especialmente los domingos por la tarde podrá ver familias enteras salir para comer hojaldres. Si le gustan las cosas dulces, puede cubrirlos de azúcar o de jarabe de melaza *(stroop)*, como acostumbran hacer los holandeses.

Bebidas

Todos los restaurantes holandeses tienen la autorización para servir cerveza, vino y licores.

Todos los vinos son importados (hay una gran variedad de vinos franceses y alemanes en muchas listas). Por razones de economía pida vino abierto *(open wijn)*.

Juntamente con el café – tal vez en segunda posición tras el café – la bebida nacional es la cerveza *(pils)*, servida casi siempre de la espita. Es una bebida deliciosa, tipo Pilsen de color brillante. El tamaño normal de un vaso de cerveza holandés contiene sólo unos dos decilitros y la espuma es considerada como parte de la bebida.

Todas las bebidas espirituosas y licores internacionales están disponibles pero son bastante caras, ¿por qué no probar un producto típico de Holanda mientras que está aquí?

El brandy holandés *(vieux)* cuesta la mitad del precio de las marcas extranjeras. El *Jenever* es una bebida con sabor de enebro que se parece a la ginebra inglesa pero es menos fuerte. Es servida fría en vasos pequeños especiales casi siempre con exceso de líquido y deberá beberse sin agua tónica, zumo de naranja o cualquier otra adición. Existe el claro *jonge* (joven) *jenevers* y el *oude* (viejo) que tiene mayor madurez y color amarillento. Los forasteros conviene que empiecen por probar el *jonge*. Las señoras prefieren a menudo algo más sabroso, como el *jenevers* especial *bessen* (grosellas negras) *jenever* o el *citroen* (limón) *jenever*.

El café *(koffie)*, la bebida nacional, debe ser servido recién hecho pues de lo contrario los holandeses lo devolverán a la cocina. De costumbre se bebe solo, pero podrá obtenerlo con leche pidiendo un *koffiemelk* holandés, una turbia variedad evaporada que deberá tomarse poco si desea conservar cierto gusto a su café.

El té *(thee)* es siempre de sobrecitos y de costumbre se sirve con limón.

Bares y cafés

Los bares y cafés de Amsterdam abren a todas las horas posibles, pero la pauta general es desde media mañana hasta la 1 de la noche, prolongándose hasta las 2 de la madrugada los viernes y sábados. Algunos abren antes y otros cierran una hora más tarde.

Los niños son admitidos en los bares holandeses y no es necesario ser un habituado para sentirse a gusto.

Los más típicos son sin duda alguna los *cafés marrones*. Descubrirá estos cafés en el centro de la ciudad antigua, con los mejores ejemplos en la zona del Jordaan. Hay aquí algunos bares donde las personas de la clase obrera cantan ópera los sábados por la noche, acompañados por un acordeonista solitario; bares para estudiantes o modelos; bares donde un director de museo está al lado de un vendedor del rastro; un bar que vende 60 clases diferentes de cerveza.

Para ayudarle a pedir...

¿Puede darnos una mesa? — **Heeft u een tafel voor ons?**
¿Tienen un menú previsto? — **Heeft u een vast menu?**
Quisiera un/una/un poco de ... — **Ik zou graag...willen hebben.**

agua (helada)	**(ijs) water**	mostaza	**mosterd**
arroz	**rijst**	nata	**room**
azúcar	**de suiker**	pan	**een brood**
café	**koffie**	patatas	**aardappelen**
carne	**vlees**	pescado	**vis**
cerveza	**een bier**	pimienta	**de peper**
comida holandesa	**Hollandse kost**	postre	**dessert**
		sal	**het zout**
comida indonesia	**Indonesisch eten**	servilleta	**een servet**
		sopa	**soep**
cubiertos	**een bestek**	té	**thee**
ensalada	**sla**	vaso	**een glas**
helado	**ijs**	verduras	**groente(n)**
leche	**melk**	vino	**wijn**

...y a leer el menú

aardbeien	fresas	**knoflook**	ajo
appel	manzana	**lamsvlees**	cordero
asperges	espárragos	**meloen**	melón
bloemkool	coliflor	**olie**	aceite
citroen	limón	**paprika**	pimienta verde
druiven	uvas	**patates frites**	patatas fritas
ei(eren)	huevo(s)		
erwten	guisantes	**pruimen**	ciruelas
forel	trucha	**radijsjes**	rábanos
garnalen	gambas, langostinos	**saus**	salsa
		sinaasappel	naranja
gebakken	frito	**spek**	tocino
gebraden	asado	**spinazie**	espinacas
gekookt	hervido	**tomaten**	tomates
gerookt	ahumado	**uien**	cebollas
kaas	queso	**varkensvlees**	cerdo
kalfsvlees	ternera	**worstje**	salchicha
kip	pollo	**worteltjes**	zanahorias

Informaciones Prácticas

Cómo llegar

Si la elección de rutas para trasladarse a Amsterdam es verdaderamente sorprendente, la complejidad de las tarifas y reglamentos pueden dejar al viajero totalmente estupefacto. Sólo un agente de viajes digno de crédito y que esté bien al corriente de las más recientes altas y bajas de tarifas, puede sugerirle el plan que más le convenga.

POR AVION

Las representaciones de la Oficina Holandesa del Turismo en el extranjero, las agencias de viajes y las compañías aéreas, en general, le proporcionarán informaciones detalladas en lo concerniente a precios, días y horas de vuelos, escalas, enlaces, etc. He aquí algunas indicaciones generales para trasladarse a Amsterdam desde América o desde España.

Desde **América del Norte** existen comunicaciones aéreas diarias, directas y sin escalas, saliendo de las principales ciudades de Canadá y Estados Unidos. Desde **México, D.F.** hay vuelos directos (con escalas) o bien vía Londres, Bruselas, Francfort, Madrid o Miami, cinco veces por semana.

Desde **América Central** y el **Caribe** hay tantas posibilidades como países. Así por ejemplo: de Costa Rica, hay seis servicios semanales; de Cuba, cinco por semana; de El Salvador, tres vuelos semanales; de Guatemala, un servicio semanal; de Honduras, dos veces por semana; de Nicaragua, tres vuelos semanales, al igual que desde la República Dominicana.

Desde **América del Sur** las posibilidades son igualmente numerosas: de Argentina, Brasil, Chile y Perú, dos vuelos por semana; de Bolivia, seis servicios semanales; de Colombia, diarios; de Ecuador y Uruguay, un vuelo por semana; de Paraguay, seis por semana y dede Venezuela, cinco, algunos de ellos sin escalas.

Desde **Madrid** y otras ciudades españolas hay de dos a tres vuelos diarios, según los días y épocas del año.

Los precios de los pasajes cambian según la temporada y clase de billete de que se trate. A título puramente indicativo, damos a continuación algunos detalles al respecto.

El aspecto más importante de la tabla de tarifas para el Atlántico Norte es el relativo al número de estaciones que al presente es sólo de dos: la *alta*, que va desde el 15 de mayo hasta el 14 de septiembre, si se trata de tráfico en dirección oeste-este, y desde el 15 de junio hasta el 14 de septiembre en sentido contrario; y la *normal*, que corresponde a los otros meses de año.

Las tarifas individuales están limitadas a seis: Primera Clase, Económica, Excursión 14–21 días, Excursión 22–45 días, APEX 14–45 días, Jóvenes. Existen además tres tarifas de grupos para: viajes colectivos de 14–21 días de duración, precio todo comprendido y un mínimo de 5 personas; viajes de grupo, precio todo comprendido, de 7–8 días de duración, en época de invierno, igualmente para un mínimo de 5 personas; grupos afines de 30 a 40 pasajeros con tarifas idénticas a las aplicadas en las excursiones de 22–45 días.

Por último, existe también la posibilidad de seguir un itinerario bifurcado en los viajes de ida y vuelta de tipo Excursión, APEX y Jóvenes.

POR TREN

Para los viajeros que lleguen a Europa desde el Continente americano y deseen trasladarse a Holanda por ferrocarril, existen muchas posibilidades, por lo que es conveniente informarse al respecto en una buena agencia de viajes o en las oficinas de ferrocarriles. Prácticamente puede decirse que hay servicios de trenes con destino a Amsterdam desde todas las ciudades europeas importantes.

Todos los viajeros que no residan en Europa pueden utilizar el sistema de *Eurailpass* (1ª clase), que ofrece posibilidades casi ilimitadas de desplazamiento desde el lugar de llegada hasta cualquier punto de Europa (excepción hecha de algunos países del Este y de Gran Bretaña). Existe una fórmula económica semejante para los jóvenes provenientes de países no europeos: el *Eurail Youthpass* (2ª clase). Además, los jóvenes de cualquier nacionalidad menores de 26 años pueden comprar en Europa el abono *Inter-Rail,* válido durante un mes y reconocido por cerca de veinte países europeos.

La tarjeta *Rail Europ S* (senior), que debe conseguirse antes de emprender el viaje, autoriza a las personas mayores a comprar los billetes de tren, con destino a ciudades europeas, a precios reducidos.

Cualquier familia, compuesta por lo menos de tres miembros, puede adquirir la tarjeta *Rail Europ F* (familiar): el posesor de la tarjeta paga billete completo y el resto de la familia tiene el 50% de reducción en Holanda y otros 14 países europeos; además algunas compañías de barcos otorgan el 30% de reducción a toda la familia.

En España pueden obtenerse billetes directos, sencillos y de ida y vuelta, circulares, cupones de sección, individuales y de grupos, en las oficinas de viajes y estaciones de ferrocarril y en las agencias de viajes. En régimen internacional, los niños viajan gratis hasta los cuatro años, sin derecho a ocupar asiento. A partir de los cuatro años hasta diez, con billetes internacionales expedidos en España, viajarán con una reducción del 50% por el territorio nacional.

Cuándo ir

Amsterdam es una ciudad de Europa Septentrional contigua al Mar del Norte y por consiguiente con un clima imprevisible. Los veranos pueden ser lluviosos o calurosos y secos; no hay un meteorólogo que pueda decir cómo será el próximo.

Si se trata de un verano caluroso, las temperaturas pueden elevarse hasta 30 °C. Si el invierno es frío es posible que todo se hiele durante algunas semanas. Todo es una cuestión de suerte en cualquier momento del año, pero he aquí algunas normas generales:

Primavera: Días soleados, noches frescas. Campos de tulipanes en floración desde mediados de abril a mayo.

Verano: Los últimos días de mayo pueden ser calurosos, pero junio, julio y agosto, son los meses en que mayores posibilidades hay de encontrar temperaturas verdaderamente estivales.

Otoño: Probabilidades de días soleados, con noches más bien frías.

Invierno: A veces llueve, pero si se trata del tipo de invierno duro que tanto aprecian los holandeses, Amsterdan y sus alrededores se transforman en algo parecido a una escena de Brueghel. El agua en los canales y lagos se solidifica y toda Holanda está en las calles gozando de los placeres y de las posibilidades deportivas que ofrece el hielo.

	E	F	M	A	M	J	J	A	S	O	N	D
Temperatura	4	4	6	10	14	16	19	18	14	10	6	4

Los números indicados son promedios mensuales aproximados.

Para establecer su presupuesto

Para darle una idea sobre los posibles gastos, le presentamos una lista de precios medios en florines (*fl.*). Ahora bien, tenga presente que todos estos precios deben considerarse como aproximados, ya que la inflación sigue aumentando implacablemente.

Aeropuerto (traslado). Tren del aeropuerto a la Estación Central 4,40 fl., taxi 40–60 fl.

Alquiler de automóviles. *Ford Fiesta 1100 CL* 55 fl. por día, 0,55 fl. por Km., 756 fl. por semana con kilometraje ilimitado. *Ford Sierra 1600 L* 78 fl. por día, 0,78 fl. por Km., 1.078 fl. por semana con kilometraje ilimitado. *BMW 316* 107 fl. por día, 1,07 fl. por Km., 1.498 fl. por semana con kilometraje ilimitado. Se añade el 20% de impuesto.

Alquiler de bicicletas. 7,50 fl. por día, más depósito de 100 fl.

Autobuses y tranvías. Talonario de 3 billetes 2,60 fl., de 10 billetes 8,65 fl., de 15 billetes 8,65 fl. Billete válido un día en todos los transportes públicos 8,65 fl.

Camping (por noche). 3,50–6 fl. por persona, todo incluido, 3,50–6 fl. por automóvil, 3,50–7 fl. por tienda, menores de 9 años gratis.

Cigarrillos. 4,25 fl. por un paquete de 25, 7–8,50 fl. por un paquete de 20 puros pequeños, 5–15 fl. por cinco puros medianos.

Comidas y bebidas. Almuerzo 30 fl., cena 70–100 fl., café 2–3 fl., *jenever* 2,50 fl., cerveza 3 fl., refrescos 2,10–2,50 fl.

Guías (guía personal). 130 fl. por medio día, 200 fl. día completo.

Hoteles (habitación doble con baño). Lujo 300–500 fl., 1ª clase 190–335 fl., clase media 100–210 fl., modestos 80–165 fl. (con ducha). Casa de huéspedes 50–75 fl. Albergues de juventud 15–90 fl.

Metro. Billete válido dos zonas 1,75 fl. Billete válido un día en todos los transportes públicos 8,65 fl.

Museos (billete válido un año, se requiere una foto pasaporte). Menores de 25 años 12,50 fl., mayores de 25 25 fl., jubilados 17,50 fl.

Paseo por los canales. 8,50 fl. por una hora; «excursión a la luz de las bujías» 37,50 fl.

Peluquería. *Señoras:* lavado y marcado 25–30 fl., permanente 110 fl., manicura 10–15 fl. *Caballeros:* corte de pelo 15–40 fl.

Resumen completo de datos útiles en orden alfabético

A continuación de las principales rúbricas se halla la traducción holandesa correspondiente, normalmente en singular. Una estrella (*) después del título significa que los precios correspondientes se hallan en la página 104.

ADUANA y FORMALIDADES DE ENTRADA *(douane formaliteiten).* Véase también CONDUCIENDO POR HOLANDA. El cuadro siguiente indica lo que está autorizado a pasar, sin pago de derechos, tanto al entrar en Holanda como al regresar a su país:

Entrada en:	 Cigarrillos	 Puros	 Tabaco	 Licor	 Vino
Holanda 1)	200 ó	50 ó	250 gr.	1 l. y	2 l.
2)	400	100	500	1 l. y	2 l.
España	200 ó	50 ó	250 gr.	1 l. o	2 l.
México	400 o	* o	**	3 botellas en total	
Perú	400 ó	50 ó	500 gr.	2 botellas en total	
Venezuela	200 y	25		2 botellas en total	

1) Residentes en Europa
2) Residentes en países no europeos
* Dos cajas de puros
** Una cantidad razonable de tabaco para pipa

Numerosos visitantes están exentos de visado para entrar en Holanda y pueden hacerlo tan solo con un pasaporte válido. Los ciudadanos de los países europeos y los residentes en América del Norte no están sujetos a formalidades sanitarias, mientras que los visitantes procedentes de algunas naciones lejanas pueden necesitar un certificado de vacunación antivariólica. Consulte a este respecto a su agencia de viajes antes de salir de su país.

A

Restricciones monetarias. Por parte de las autoridades holandesas no hay límites para la importación o exportación de toda clase de monedas. Sin embargo, no se olvide de verificar en su propio país las eventuales disposiciones al respecto.

No tengo nada que declarar.	**Ik heb niets aan te geven.**
Es para uso personal.	**Het is voor eigen gebruik.**

AEROPUERTO* *(luchthaven).* Schiphol, situado a 15 Km. de Amsterdam en dirección sudoeste, es un excepcional aeropuerto moderno, con escaleras mecánicas, salas de conferencias, cafeterías, oficina de información hotelera, oficina de cambio, servicios postales, agencias de alquiler de automóviles, guarderías infantiles, peluquerías para damas y caballeros, numerosas tiendas libres de impuestos, etc. Los mozos de equipaje *(kruier)* son raros, pero hay muchísimos carritos gratuitos para ese menester.

Cada 15 minutos sale un tren del aeropuerto para la Estación Central de Amsterdam, con enlaces directos a todas las ciudades de Holanda. El viaje dura unos 20 minutos. Siempre hay taxis disponibles, llevan taxímetro y la propina está incluida.

Los trenes holandeses también efectúan frecuentes servicios desde el Centro de Congresos (RAI) de Amsterdam hasta Schiphol (10 minutos de trayecto).

¡Mozo!	**Kruier!**
¡Taxi!	**Taxi!**

ALQUILER DE AUTOMOVILES* *(autoverhuur).* En Amsterdam están representadas todas las grandes compañías internacionales de alquiler de automóviles y más de otras 40 figuran en las páginas amarillas del anuario telefónico bajo *Autoverhuur.* En el aeropuerto de Schiphol hay varias oficinas de alquiler, de las que puede incluso salir conduciendo un remolque para acampar, totalmente equipado.

Las condiciones del alquiler deberán ser respetadas estrictamente. Necesitará un permiso de conducir nacional o internacional válido, y ser titular del mismo desde 12 meses antes por lo menos. El conductor deberá tener más de 21 años, o de 23 para algunas compañías. Le aconsejamos que lleve su pasaporte al ir a la agencia.

Quiero alquilar un automóvil.	**Ik zou graag een auto willen huren.**
hoy/mañana	**vandaag/morgen**
por un día/una semana	**voor één dag/één week**
Con seguro contra toda clase de riesgos.	**Met een all-risk verzekering alstublieft.**

ALQUILER DE BICICLETAS y CICLOMOTORES* *(rijwielverhuur; bromfietsverhuur).* Como la mayor parte de los amsterdaneses poseen su propia bicicleta, son raras las agencias de alquiler. Hay una en la Estación Central (véanse otras direcciones más adelante).

Los ciclistas forman parte de la vida holandesa a tal punto que todas las carreteras modernas tienen una pista para ciclistas. En dichas pistas hay señales de tráfico especiales que representan a un ciclista en rojo y verde. En todos los casos, el ciclista está considerado como un ciudadano de primera clase y debe ser tratado respetuosamente por los automovilistas (véase también CONDUCIENDO POR HOLANDA).

Heja, Bestevaerstraat 39.

Koenders, Utrechtsedwarsstraat 105.

ASISTENCIA MEDICA. Véase también URGENCIAS. Un seguro de enfermedad que le cubra durante sus viajes al extranjero es una buena inversión. Infórmese en su compañía habitual o pida a su agencia de viajes que tramita en su nombre una póliza.

Las recetas médicas se preparan en una *apotheek* (farmacia), que puede reconocerse por su insignia verde que representa un mortero y una serpiente. Siempre hay varias de servicio durante la noche. Para saber cuál es la farmacia más cercana abierta por la noche llame al teléfono 94 87 09 (este mismo número podrá utilizarlo si necesita con carácter urgente un médico o un dentista).

un médico/un dentista	**een arts/een tandarts**
una ambulancia	**een ziekenauto**
hospital	**ziekenhuis**
dolor de estómago	**maagstoornis**
fiebre	**koorts**
¿Dónde está la farmacia de servicio más cercana?	**Is er een apotheek in de buurt, die de dienst heeft?**

A **AUTO-STOP** *(liften).* No existe restricción alguna. Una costumbre generalizada en Holanda es la de exhibir un cartelón en el que está claramente escrito el lugar de destino. Holanda es un país seguro, pero las muchachas acostumbran a practicar el auto-stop por parejas.

¿Puede usted llevarnos a ...?	**Kunt u ons een lift geven naar ...?**

C **CAMPING*** *(camping).* Holanda entera dispone de buenos emplazamientos para acampar. Normalmente son sitios limpios y cuentan con todos los servicios. Es mejor inscribirse con tiempo.

¿Tiene sitio para una tienda/ remolque?	**Heeft u plaats voor een tent/ caravan?**

CIGARRILLOS, PUROS, TABACO* *(sigaretten; sigaren; tabak).* Normalmente los cigarrillos son vendidos en paquetes de 25. Puede hallarse una gran diversidad de marcas nacionales e internacionales en los estancos *(sigarenhandelaar)* y en las máquinas distribuidoras automáticas. Los hoteles y restaurantes venden también cigarrillos.

Los puros holandeses mundialmente famosos, que no son nada caros, existen en una variedad de tamaños que van desde el minicigarrillo, pasando por el de tamaño mediano (y a veces elaborado a mano) hasta los que más bien parecen un torpedo. Famosos por su aroma, se utiliza en su fabricación tabaco de Indonesia, especialmente de Sumatra, sin aditivos, herencia de la época colonial cuando Amsterdam era el mayor mercado mundial del tabaco.

El tabaco para pipa, procedente de los famosos fabricantes holandeses, es también abundante.

Un paquete de cigarrillos/ una caja de cerillas, por favor.	**Een pakje sigaretten/ een doosje lucifers, alstublieft.**

COMUNICACIONES

Correos *(postkantoor).* Hay dos administraciones principales de correos y muchas oficinas de barrio distribuidas por toda la ciudad. En todas figura el símbolo de una trompa encorvada. La oficina central *(hoofdpostkantoor)* se encuentra en Nieuwezijds Voorburgwal 182 (situación muy céntrica detrás del Palacio Real, en la Plaza del Dam) y la otra oficina principal está en Oosterdokskade 3–5 (algo apartada de los caminos conocidos, al este de la Estación Central). Consulte también la rúbrica HORARIOS. Los quioscos y tiendas de recuerdos que venden tarjetas postales, generalmente venden también los sellos *(postzegel)* necesarios para el franqueo. Los buzones holandeses son rojos y grises, y están fijados en los muros a la altura de la cabeza. En Amsterdam tienen dos ranuras, una con la indicación AMSTERDAM y otra con OVERIGE BESTEMMINGEN (otros destinos).

Correspondencia *(post).* Si su estancia va a ser prolongada y no conoce de antemano la dirección exacta en donde se alojará, puede pedir que le envíen su correspondencia a la *poste restante* (lista de correos) de cualquiera de las dos oficinas principales mencionadas anteriormente. Recuerde que para retirar su correspondencia es necesario presentar un documento de identidad.

Telegramas *(telegram).* El método más fácil para mandar un telegrama es el que consiste en pedirle al portero o a la telefonista del hotel que se lo envíe. Por otra parte, puede llamar al 009 donde le responderá un operador debidamente familiarizado con las lenguas extranjeras. Para tener la seguridad absoluta de que una palabra importante será transmitida correctamente vaya personalmente a la administración postal en Nieuwezijds Voorburgwal 182 y entre por la puerta trasera situada en Spuistraat donde se halla un servicio telegráfico que funciona las 24 horas del día.

Teléfonos *(telefoon).* Desde Amsterdam se puede llamar directamente a casi todos los países de Europa, así como a algunos de ultramar, en particular Estados Unidos y Canadá. En la oficina principal de correos, situada en Nieuwezijds Voorburgwal 182, detrás de la Plaza del Dam, hay un servicio telefónico permanente, día y noche, para conferencias internacionales, que se encuentra en la misma oficina que el servicio telegráfico.

Para obtener algunas comunicaciones es necesario pasar por la central. Para las llamadas personales (conferencia personal), necesita emplear la frase holandesa *ik wil een gesprek met voorbericht;* si desea que la conferencia sea pagada por el abonado solicitado diga *ik wil telefoneren op kosten van de ontvanger.*

He aquí algunos números útiles para obtener informaciones:

informaciones locales	008
informaciones internacionales	0018

C

CONDUCIENDO POR HOLANDA

Entrada en Holanda: Para entrar con su coche necesita:

<table>
<tr><td>Permiso de conducir nacional o internacional válido</td><td rowspan="4">Tarjeta Verde, anexo a su póliza de seguro que la hace válida en el extranjero. Las disposiciones relativas a la Tarjeta Verde son cada vez menos estrictas entre los países europeos, especialmente entre los del Mercado Común, por lo que le aconsejamos consultar con su propia compañía de seguros al preparar su viaje.</td></tr>
<tr><td>La documentación del coche</td></tr>
<tr><td>La letra de nacionalidad del vehículo (pegada en la parte trasera)</td></tr>
<tr><td>El triángulo rojo utilizable en caso de avería.</td></tr>
</table>

Reglas de conducir: Circule por la derecha, adelante a los otros vehículos por la izquierda. En general el tráfico procedente de la derecha es prioritario. En las autopistas, esta regla se aplica sólo a las rotondas que no están controladas por medio de semáforos. En las otras carreteras principales, la señalización internacional indica claramente la vía prioritaria.

Pero hay que tener cuidado siempre en las cuidades y principalmente en la zona de los canales de Amsterdam, pues los conductores holandeses, al menos muchos de ellos, tienen arraigada la costumbre de precipitarse en el tráfico cuando llegan desde la derecha. En cada confluencia de canales, en las que la multitud de casas antiguas reducen la visibilidad, disminuya la velocidad hasta hacerla inferior al lento caminar de un hombre para evitar el peligro de ser colisionado por la derecha.

Tenga cuidado también, en Amsterdam y en las otras ciudades, con los ciclistas. De noche, muchos de ellos son casi invisibles y circulan sin luces. Recuerde, en todo tiempo, que no tiene derecho a cortarles el camino cuando gire a la derecha. Tenga siempre un ojo puesto en su espejo retrovisor y, al virar a la derecha, asegúrese de que no hay un ciclista que se desliza a su lado.

Los tranvías tienen prioridad con respecto al tráfico ya sea rodado o a pie. Concédales precedencia en todas las circunstancias.

Los conductores y pasajeros de ciclomotores o motocicletas deben utilizar cascos de protección contra los accidentes. Si un vehículo extranjero está provisto de cinturones de seguridad, éstos deben ser utilizados obligatoriamente.

Las **limitaciones de velocidad** están bien indicadas: 50 Km. por hora en las zonas habitadas, 100 ó 120 Km. por hora en las autopistas y en general 80 Km. en las otras carreteras.

Estacionamiento: Se requiere paciencia, pero puede conseguirse. En comparación con otras ciudades hay pocos espacios reservados para el estacionamiento de vehículos, debido a que el centro de la ciudad sigue siendo en Amsterdam una zona densamente construida, con viviendas del siglo XVII. Es posible estacionar a lo largo de los canales, empero en algunas zonas hay parquímetros y en otras no. En los parquímetros se utilizan piezas de 1 *fl.* o de 25 céntimos.

Beber y conducir: Estas dos actividades son prácticamente incompatibles en Holanda: con más de 0,5 ml. de alcohol por litro de sangre (como máximo un par de copas) pueden retirarle su permiso de conducir e imponerle una fuerte multa.

Gasolina y aceite *(benzine; olie):* Abundan las estaciones de servicio y el precio de la gasolina es el mismo en todos los lugares de Holanda. Encontrará gasolina de 99 octanos (llamada de diversos modos: *super, ultra, extra* o algo parecido), de 91,5 octanos *(benzine, normaal),* 91 octanos sin plomo *(loodvrij)* y diesel. Algunos garajes conceden unos céntimos de rebaja *(korting)* y también puede economizarse algo comprando el combustible en una estación de autoservicio. Se encuentra aceite de todas las viscosidades deseadas.

Averías: En las autopistas hay teléfonos, instalados a intervalos regulares, que pueden ser utilizados en los casos de urgencia. Si tiene bastante suerte como para que la avería se produzca a proximidad de una pequeña camioneta amarilla que lleva sobre el techo la indicación *wegenwacht,* hallará sobre el propio terreno el servicio de emergencia de la asociación automovilística holandesa (ANWB). En Amsterdam el número del ANWB para casos de urgencia es el 26 82 51.

Señales de tráfico: La mayor parte de las señales pictográficas se ajustan al modelo internacional, sin embargo pueden encontrarse las siguientes señales escritas:

Bushalte	Parada de autobuses	**Fietsers**	(Cuidado) ciclistas
Centrum	Centro	**Filevorming**	Paso estrecho
Doorgaand verkeer	Tráfico directo	**Gevaar**	Peligro
Eénrichtings-verkeer	Una sola vía	**Gevaarlijke bocht**	Curva peligrosa

C

Inhaalverbod	Prohibido adelantar	**Tegenliggers**	Llegada de tráfico
Let op voetgangers	Sólo peatones	**Uitrit**	Salida
Omleiding	Desvío	**Verboden in te rijden**	Entrada prohibida
Parkeerverbod	Prohibido estacionar	**Verkeer over één rijbaan**	Circulación por un sólo carril
Rechts houden	Circule a la derecha	**Voetgangers**	(Cuidado) peatones
Slecht wegdek	Carretera en mal estado	**Wegomlegging**	Desvío
Snelheid verminderen	Reduzca la velocidad	**Werk in uitvoering**	Obras
Stoplichten op 100 m	Semáforos a a 100 m.	**Wielrijders**	Ciclistas
		Zachte berm	Andén blando
		Zeer gevaarlijk	Muy peligroso

permiso (internacional) de conducir	**(internationaal) rijbewijs**
documentos del vehículo	**kentekenbewijs**
tarjeta verde	**groene kaart**
¿Es esta la carretera hacia ...?	**Is dit de goede weg naar ...?**
Llénelo por favor con ...	**Vol, graag, met ...**
super/normal	**super/normaal**
Por favor, compruebe el aceite/los neumáticos/la batería.	**Wilt u de olie/banden/accu controleren?**
Mi coche se ha estropeado.	**Ik heb autopech.**

CONSULADOS *(consulaat).* Muchos son los países que tienen un consulado en Amsterdam; las embajadas están en La Haya. En las páginas amarillas del anuario telefónico bajo la rúbrica «Consulaten» figura la lista completa de las diferentes representaciones consulares.

Argentina.	Herengracht 94; tel. 020-23 27 23
Brasil.	Beethovenstraat 169; tel. 020-62 40 85
España.	J. Obrechtstraat 51/1; tel. 020-79 65 91
México.	Beethovenstraat 147; tel. 020-73 02 30
Venezuela.	Binnenkant 12; tel. 020-22 83 01

¿Dónde está el consulado ...?	**Waar is het ... consulaat?**
español/mexicano/argentino brasileño/venezolano	**Spaanse/Mexicaanse/Argentijnse Braziliaanse/Venezuelaanse**

C

CRIMENES y ROBOS *(misdrijf; diefstal).* Desgraciadamente los delitos menores y los robos han dejado de ser desconocidos en Amsterdam. En la que otrora fuera la más inocente de las capitales, incluso los diferentes almacenes tienen al presente avisos redactados en diversas lenguas para advertir a los compradores a fin de que tengan cuidado con los carteristas. Si pierde su cartera o bolso, dé a conocer la pérdida a la comisaría de policía más cercana. A altas horas de la noche tenga cuidado en el «barrio de mala fama» y en las calles que van a parar a los principales lugares de distracción. Es preferible tomar un taxi para regresar al hotel que marchar a pie por las calles. El peligro sigue siendo aún pequeño en comparación con otras ciudades, pero *existe.*

Quiero denunciar un robo.	**Ik wil aangifte doen van een diefstal.**

D

DROGAS. Si ha oído decir que Amsterdam es tolerante en cuestiones de droga, tenga cuidado. Al presente es ilegal poseer drogas tanto si son duras como blandas, y las penas varían entre cuatro y doce años de prisión. La policía sabe perfectamente que se fuma hashish en algunos bares y clubes. Pero su actitud es mucho más estricta en todo momento con respecto a los que comercian con drogas duras *o* blandas.

E

ELECTRICIDAD *(elektriciteit).* En todas partes la corriente eléctrica es de 220 voltios, 50 ciclos. Los enchufes son distintos de los existentes en América, pero el recepcionista del hotel dispone casi siempre de un adaptador en reserva.

Deseo un adaptador para el enchufe/una batería.	**Ik wil graag een verloopstekker/ een batterij.**

F

FIESTAS OFICIALES *(openbare feestdaag).* En toda Holanda, los bancos, oficinas y tiendas importantes cierran en los ocho días feriados oficiales; los museos permanecen abiertos de 1 a 5 de la tarde, y el trabajo es normal en los restaurantes y otras actividades de tipo turístico.

1° de Enero	*Nieuwjaar*	Año Nuevo
30 de Abril	*Koninginnedag*	Día de la Reina
25 y 26 de Diciembre	*Kerstfeest*	Navidad y Día de San Esteban

F

Fiestas movibles	*Goede Vrijdag*	Viernes Santo
	Paasmaandag	Lunes de Pascua
	Hemelvaartsdag	Jueves de la Ascensión
	Pinkstermaandag	Lunes de Pentecostés

¿Está abierto mañana? **Bent u morgen open?**

FOTOGRAFIA. El trabajo de revelado y copia es de primera calidad, pero normalmente tardan en hacerlo una semana y algo más si se trata de carretes Kodachrome. Las películas para cámaras Polaroid se consiguen muy fácilmente.

En la mayoría de los museos está prohibido tomar fotos con flash y en algunos no se permiten sacar fotografías. Pregunte al guardia si es que él no le ha advertido. Aunque no es lo mismo, en todos los museos puede adquirir buenas reproducciones (diapositivas, tarjetas postales, grabados).

Antes de salir de casa es prudente comprar un saco de plástico emplomado en alguna tienda de artículos fotográficos a fin de proteger sus películas de los rayos X, durante el control en los aeropuertos.

Quisiera un carrete para esta cámara. **Mag ik een film voor dit toestel?**

¿Cuánto tardan en revelar (y reproducir) esta película? **Hoe lang duurt het ontwikkelen (en afdrukken) van deze film?**

¿Puedo tomarle una foto? **Mag ik een foto van u maken?**

G

GUIAS e INTERPRETES* *(gids; tolk).* Muchas de las visitas organizadas de la ciudad y paseos en barco por los canales van acompañados por un guía multilingüe. Para tratar de negocios o para fines particulares, póngase en contacto con Guidor, tel. (070) 20 25 00.

H

HORA. El cuadro siguiente mustra la diferencia horaria existente entre Holanda y algunas ciudades en invierno. En verano los relojes se adelantan una hora.

Lima	México	Nueva York	Londres	Madrid	**Amsterdam**
6 a.m.	4 a.m.	6 a.m.	11 a.m.	mediodía	**mediodía**

¿Qué hora es? **Hoe laat is het?**

HORARIOS DE APERTURA. Todos los bancos de la ciudad están abiertos de 9 de la mañana a 4 de la tarde, de lunes a viernes, y los jueves de 9 de la mañana a 7 de la tarde. Puede cambiar moneda extranjera entre las 7 de la mañana y 10,45 de la noche, todos los días de la semana, en la oficina de cambio de la Estación Central.

La oficina de N.Z. Voorburgwal está abierta de 8,30 de la mañana a 6 de la tarde, de lunes a viernes, (los jueves hasta las 8,30 de la noche), y los sábados de 9 de la mañana al mediodía. Las horas de apertura de la administración de Oosterdokskade son un poco más prolongadas: de 8,30 de la mañana a 9 de la noche, de lunes a viernes, y los sábados de 9 de la mañana al mediodía.

La oficina VVV, situada en Stationsplein 10 (enfrente de la Estación Central) está abierta todos los días desde las 9 de la mañana hasta las 11 de la noche en julio y agosto. Entre septiembre y Pascua funciona desde las 9 de la mañana hasta las 6 de la tarde, de lunes a viernes, hasta las 5 los sábados, y de las 10 de la mañana a las 5 de la tarde los domingos. Desde Pascua hasta julio presta servicios desde las 9 de la mañana hasta las 11 de la noche, de lunes a sábado, los domingos hasta las 9 de la noche.

Los consulados normalmente abren desde las 9,30 ó 10 de la mañana hasta mediodía y desde las 2 ó 2,30 hasta las 4 ó 5 de la tarde.

HOTELES y ALOJAMIENTO* *(hotel; logies).* Véase también CAMPING. Desde hace algunos años, el gulden es una moneda fuerte, lo que ha hecho que los alojamientos en Amsterdam parezcan caros a los viajeros procedentes de países con monedas débiles. Sin embargo, existe una gran diversidad de categorías de hoteles disponibles que van desde los lujosos establecimientos de categoría internacional hasta los pequeños hoteles y pensiones de familias situados a lo largo de los canales. Es difícil hallar habitaciones individuales especialmente en los hoteles pequeños. Durante los períodos de vacaciones, cuando la ciudad entera parece desbordar con todos los visitantes procedentes de otros lugares, la oficina VVV de información turística, situada frente a la Estación Central, tiene establecido un notable servicio de reserva. Rara es la vez que esta oficina no logra conseguirle una habitación, aun cuando el precio pueda ser superior a lo que se había previsto. Moraleja: reserve con antelación en las épocas de gran afluencia turística.

Las oficinas holandesas de información turística le facilitarán una lista completa de hoteles en la que figura una valoración de la calidad y una clasificación correspondiente que varía de una a cinco estrellas,

H pero en realidad es extremadamente difícil de seguir y comprender. En resumen, los hoteles de Amsterdam pueden ser divididos en cuatro categorías: de lujo, 1ª categoría, mediana y modesta. (Fuera de estación los precios son algo más bajos.) En casi todos los hoteles de lujo, el desayuno está incluido de ordinario en el precio de la habitación (compruébelo previamente). Normalmente se tratará del copioso desayuno holandés (véase pág. 96) y no del pequeño tentempié continental con que se acostumbra empezar el día.

Casas de huéspedes *(pension).* No pueden ser reservadas por medio de los servicios VVV. Siguen siendo baratas, como los hoteles de categoría modesta.

Los automovilistas pueden alojarse en los distintos moteles que se hallan en los alrededores de Amsterdam y muchas ciudades vecinas y pueblos se enorgullecen de poseer por lo menos un hotel, en el que el alojamiento será limpio, tranquilo, amistoso y probablemente un 30% más barato que su equivalente en la gran ciudad.

Las habitaciones de una cama, cuando se encuentran, cuestan de 30 a 40% menos que las dobles.

Los suplementos por servicios e impuestos están incluidos en las tarifas, pero se acostumbra dar una propina al personal.

Albergues de juventud *(jeugdherberg).* Las autoridades estimulan a los jóvenes para que visiten Amsterdam, pero no para que duerman sin comodidades. Existe una gran variedad de albergues y de precios. Los *sleepins* son una novedad de Amsterdam y están instalados en los lugares más diversos, desde una antigua escuela hasta una fábrica desafectada. Lleve su propio saco de dormir. Estos alojamientos son ideales para muchos de los miembros de la «brigada de las mochilas». Las Oficinas Nacionales del Turismo de Holanda en el extranjero o la oficina VVV de Amsterdam le facilitarán una lista completa de alojamientos baratos.

Probablemente nunca hablará holandés a ningún recepcionista o propietario de hotel, pero por si acaso ...

una habitación doble	**een tweepersoonskamer**
una habitación sencilla	**een éénpersoonskamer**
con/sin baño	**met/zonder bad**
¿Qué precio tiene por noche?	**Wat is het tarief per nacht?**

I **IDIOMA.** Los holandeses tienen mucho talento para los idiomas y prácticamente nunca se encontrará aislado por dificultades de comunicación. El inglés y el alemán son comprendidos y hablados por muchas personas y a continuación viene el francés, pero con algo de suerte encontrará también personas que se expresen en español. I

¿Habla usted español?	**Spreekt u Spaans?**
Buenos días	**Goedemorgen**
Buenas tardes	**Goedemiddag**
Buenas noches	**Goedenavond**
Por favor/Gracias	**Alstublieft/Dank u**
De nada	**Tot uw dienst**
Adiós/Hasta luego	**Dag/Tot ziens**

LAVANDERIA y TINTORERIA *(wasserij; stomerij).* Los grandes hoteles tienen servicio de lavandería que le devolverán sus prendas el mismo día (este servicio no funciona los sábados, domingos y días festivos). Las lavanderías automáticas *(wasserette),* lavanderías y tintorerías son difíciles de descubrir, pero la insistencia será recompensada por la obtención de precios más ventajosos que los pedidos por los hoteles. L

¿Cuándo estará listo?	**Wanneer is het klaar?**
Lo necesito para mañana por la mañana.	**Ik heb dit morgenvroeg nodig.**

MAPAS *(kaart).* Hallará en venta mapas de carreteras de Holanda tanto en las estaciones de servicio, como en las librerías. Existen planos muy detallados de Amsterdam y de las principales ciudades de Holanda editados por Falk-Verlag, de Hamburgo, que ha preparado también los planos y mapas publicados en esta guía. M

un plano de Amsterdam	**een plattegrond van Amsterdam**
un mapa de carreteras de esta región	**een wegenkaart van deze streek**

MONEDA. La unidad monetaria holandesa es el *gulden,* llamado también guilder o florín. Las abreviaturas correspondientes son *f. fl. gld.* o *DFL* y se divide en 100 céntimos; (abreviatura *cts.*). Monedas: 5, 10 y 25 céntimos; 1 y 2½ florines. Billetes: 5, 10, 25, 50, 100 y 1.000 florines.

Bancos *(bank).* Todos los bancos de la ciudad le cambiarán moneda extranjera. Véase también HORARIOS DE APERTURA.

M

Oficinas de cambio *(wisselkantoor).* Puede cambiar moneda desde temprano por la mañana hasta bien entrada la noche en la oficina de cambio de la Estación Central.

Tarjetas de crédito *(credit card).* Todos los grandes hoteles y muchos restaurantes y tiendas aceptan el pago por medio de tarjetas de crédito.

Cheques de viajero *(reischeque).* Son aceptados generalmente si presenta su pasaporte como documento de identidad.

N

NIÑERAS *(babysitter).* Si su hotel no puede proporcionarle una niñera, diríjase a la oficina de información del turismo VVV, que dispone de una lista de niñeras bilingües. Para obtener los servicios de una estudiante que trabaje como niñera, llame al teléfono 231708. Las estudiantes, por lo general, hablan dos o tres lenguas.

¿Puede conseguirnos una niñera para esta noche?	**Kunt u ons voor vanvond een babysitter bezorgen?**

O

OFICINAS DE INFORMACION TURISTICA. Las representaciones de la Oficina Nacional del Turismo de Holanda, que existen en la mayoría de los países, le ayudarán a organizar su viaje. Como simple indicación le señalamos aquí la dirección de la representación española:

España: Oficina Nacional Holandesa de Turismo, Pintor Rosales 22, o Apartado 8101, Madrid 8; tel. (01) 2479699.

En las ciudades de Holanda, los asuntos turísticos son tratados por las oficinas de una organización conocida universalmente por la abreviatura VVV. Desde las afueras de cualquier ciudad, insignias azules con la triple V le orientan hacia la oficina del turismo.

Las oficinas VVV de Amsterdam están situadas, una en Stationsplein, frente a la Estación Central (tel. 266444), y otra en Leidsestraat 106.

¿Dónde está la oficina del turismo?	**Waar is het VVV-kantoor?**

P

PASEO POR LOS CANALES* *(grachtenrondvaart).* Pueden realizarse excursiones sumamente interesantes en barco por los principales canales generalmente acompañadas de un guía o, al menos, de un comentario grabado en cinta magnetofónica en diferentes lenguas. En el centro de la ciudad hay 11 lugares de embarque.

Existe la posibilidad de elegir entre el paseo de una hora y la «superexcursión a la luz de las bujías» con vino y cena fría comprendida en el precio.

También puede alquilar un barco-casa (con piloto), una motora o un patín de pedales.

El museo-barco efectúa travesías entre la oficina VVV (frente a la Estación Central) y algunos de los museos más populares de Amsterdam; sale dos veces por la mañana y otras tantas por la tarde. También ofrecen cruceros especiales.

PELUQUERIA* *(kapper).* Muchos de los principales hoteles tienen sus propios salones, pero si éste no fuere el caso, el recepcionista del hotel le indicará alguna peluquería cercana. El servicio está incluido. Todas las peluquerías y muchos salones de belleza cierran los martes.

No me corte mucho (aquí).	**Niet te kort (hier).**
Un poco más (aquí).	**Een beetje korter (hier).**

PERDIDA y RECUPERACION DE OBJETOS *(gevonden voorwerpen);* **EXTRAVIO DE NIÑOS.** Para las encuestas relativas a pérdidas de objetos en general llame a la policía, número 559 91 11. Para lo relativo a objetos perdidos en los transportes públicos, llame al teléfono 551 49 11. Para los objetos perdidos en los taxis llame al teléfono 77 77 77. Si perdió algo en el aeropuerto marque el 49 14 33.

Si se ha extraviado su niño, movilice a la primera persona holandesa que halle: el recepcionista de su hotel, la vendedora de una tienda, o a un transeúnte. Puede usted ir a la estación local de la policía donde sin duda descubrirá a su hijo bien cuidado y distrayéndose con algún agente.

He perdido mi cartera/ bolso/pasaporte/hijo.	**Ik ben mijn portefeuille/ handtas/paspoort/kind kwijt.**

PERIODICOS y REVISTAS *(krant; tijdschrift).* Los más importantes periódicos y revistas extranjeros se encuentran en las tiendas y puestos de periódicos del centro de Amsterdam, en los hoteles y en el aeropuerto.

¿Tiene algún periódico en español?	**Heeft u Spaanse kranten?**

P

POLICIA *(politie).* En Amsterdam verá que los policías van a pie y también en coches Volkswagen de color blanco. Si ocurre algo, estos coches llegarán como abejas a un panal. La policía urbana va sobriamente uniformada de azul marino, gorra con visera y es sumamente cortés con los extranjeros que respetan la ley.

El número de teléfono de la policía para casos de urgencia (pero realmente *urgencia*) es el 222222. Para información general, llame al cuartel general de la policía local *(hoofdbureau)* en Elandsgracht 117, teléfono 5599111. Hay además seis comisarías de distrito en los distintos barrios de la ciudad en las que está claramente indicado POLITIE y todas ellas figuran en el anuario telefónico.

¿Dónde está la comisaría de policía más cercana?	**Waar is het dichtsbijzijnde politiebureau?**

PRECIOS. Véase también la página 104. Para reducir los gastos, evite los grandes hoteles y pruebe algunos bares muy acogedores de la vecindad cuando desee tomar un trago. Las bebidas locales, como por ejemplo las diferentes clases de *jenevers* también le economizarán una fortuna comparando su precio con el del whisky escocés importado. Si el desayuno no está incluido en el precio del hotel, sin duda alguna le saldrá mucho más barato tomarlo en uno de los tantos establecimientos de la ciudad en que se venden bocadillos *(broodjeswinkels).*

BTW es la abreviatura empleada para indicar un impuesto de ventas aplicado en Holanda y que es aproximadamente del 18%. Casi siempre está incluido en las compras, alquileres, comidas, etc. *(inclusief BTW).*

Si realiza alguna compra importante en Holanda, pregúntele al vendedor si el impuesto está incluido y, en caso afirmativo, si puede ser recuperado en la Aduana una vez que se abandona el país. Los diamantistas y otros comerciantes que tienen costumbre de vender a los turistas están al corriente de los procedimientos que han de seguirse.

¿Cuánto cuesta?	**Hoeveel kost het?**
¿Tiene algo más barato?	**Heeft u iets goedkopers?**
¿Puedo recuperar el importe del BTW?	**Kunnen we de BTW aftrekken?**

PROPINAS. En los hoteles y restaurantes el servicio está incluido. Sin embargo, existe la costumbre de redondear la cuenta del restaurante así como la tarifa del taxi. He aquí algunas sugerencias que le darán una idea de lo que hay que dar en otras ocasiones:

Acomodador cine/teatro	50 cts.-1 florín
Camarera, por semana	15 florines
Empleada en los servicios	50 cts.
Guía	5-10%
Mozo, por maleta	1 florín
Peluquero/barbero	servicio incluido

P

R

ROPA *(kleding).* La falta de etiqueta es la nota característica durante las horas del día. Por la noche, en los buenos restaurantes y hoteles, los hombres deben llevar chaqueta (aun cuando no sea obligatoria la corbata) y las mujeres no desentonarán con un vestido de cóctel. En verano, a menos que coincida con una de esas raras olas de calor, un jersey ligero o un abrigo de entretiempo puede ser necesario por las noches. En primavera y en otoño con poca frecuencia hay días suaves – sin mencionar las noches – y la única forma sensata de vestirse en invierno es como si fuera uno un bulto, pues el viento puede ser cortante o estimulante, si lo afronta vestido así. Lleve siempre en su equipaje un impermeable, ligero o de más abrigo según la estación; incluso durante un bello y caluroso verano, algunas lluvias de corta duración son posibles. Los zapatos cómodos para caminar son indispensables en cualquier época del año y tal vez unos chanclos de goma casi hasta en verano. En las playas todo es aceptable o tiene éxito.

¿Necesito chaqueta y corbata? **Moet ik een jasje en een das aan?**
¿Puedo ir así? **Kan ik dit dragen?**

S

SERVICIOS RELIGIOSOS. En Amsterdam existen iglesias de diversas confesiones religiosas. El domingo a la 1 de la tarde se celebra una misa en castellano en la iglesia: Kerk de Hoeksteen, Van Ostadestraat 270; tel. 739272 (sacerdote español).

T

TARJETA HOLANDESA DE VACACIONES. Con esta tarjeta, los no residentes obtienen considerables descuentos en el precio de alquiler de automóviles, transportes, vuelos nacionales, entrada a numerosas atracciones turísticas, así como a un importante gran almacén, al Centro Diamantero de Amsterdam y, finalmente, los autoriza a entrar gratuitamente en los casinos. La Tarjeta Holandesa de Vacaciones es válida un año. Puede conseguirse en cualquier oficina de turismo holandesa (véase pág. 118).

T

TAXIS. Pueden reconocerse por una banda de cuadros blancos y negros, y por el pequeño letrero «taxi», colocado en la parte superior del coche. Generalmente no circulan por las calles en búsqueda de clientes sino que regresan a una de las paradas después de haber efectuado una carrera. Si ve alguno con el letrerito encendido, significa que el vehículo está libre y puede llamarlo. Para pedir un taxi por teléfono marque el número de la *taxi-centrale* (77 77 77), que está enlazado por radio con los coches, o bien llame a la estación más cercana.

En Amsterdam se puede llegar a la mayoría de los sitios de interés en **taxi acuático.** Las lanchas tienen capacidad para ocho pasajeros, maletas y bicicletas. Las tarifas se reparten entre los pasajeros.

¿Cuál es la tarifa a ...? **Hoeveel kost het naar ...?**

TRANSPORTES PUBLICOS*. Una vasta red de autobuses *(bus),* tranvías *(tram)* y Líneas de Metro *(metro)* empieza a prestar servicio a partir de las 6 de la mañana y prosigue hasta medianoche. Después los autobuses nocturnos *(nachtbus)* aseguran el servicio en un cierto número de recorridos clave, en general con intervalos de media hora.

Por razones prácticas, Holanda está dividida para los viajes en unas 2.000 zonas, de las cuales seis corresponden a Amsterdam. Así, las tarifas se calculan según las zonas, por un sistema de «serie de billetes» *(strippenkaart)* válidos en todo el país. En Amsterdam, los billetes se compran al conductor del tranvía o del autobús (talonario con 6 ó 10 billetes y billetes para el día), en las estaciones de Metro (máquina automática de distribución de billetes para el día y para viajes simples de una, dos, tres o cuatro zonas), en las oficinas de correos, estaciones de ferrocarril y en muchos estancos de tabaco (talonarios de 15 billetes). Se pueden utilizar indistintamente en autobús, tranvía o Metro.

Selle su billete por medio de una marca que efectúa una máquina amarilla situada en la parte trasera de los tranvías, a la izquierda de la puerta delantera en los autobuses y, para el Metro, cerca de las escaleras que conducen a los andenes; el número de billetes será *siempre* uno más del número de zonas que debe recorrer.

Si tiene el proyecto de pasar un día completo en Amsterdam, compre un billete válido por un día y una noche *(dagkaart),* que le permite utilizar todos los transportes públicos de la ciudad. Existen también billetes válidos por dos o tres días, pero únicamente pueden conseguirse en la cabina del GVB *(kaartverkoop),* frente a la Estación Central, y en la sede principal del GVB, que se halla en Stadhouderskade 1 (cerca de Leidseplein).

Para informaciones llame al 27 27 27 (servicio día y noche).

El **Touristram** (tranvía turístico) lleva a los visitantes en gira por el centro de Amsterdam. Las excursiones salen de la oficina VVV, frente a la Estación Central, diariamente desde mediados de abril hasta octubre.

¿Cuándo sale el próximo autobús/tranvía para ...?	**Wanneer gaat de volgende bus/tram naar ...?**

TRENES *(trein).* Los trenes holandeses son puntuales, esto es un motivo de orgullo nacional. El servicio de ferrocarril es excelente: desde Amsterdam puede trasladarse a Haarlem en 14 minutos y a La Haya en 45. Las otras ciudades pueden ser alcanzadas también rápida y cómodamente.

Pueden obtenerse billetes especiales valederos un día, ocho días y un mes.

La oficina de información de la Estación Central está abierta diariamente (véase HORARIOS DE APERTURA). Tome allí un billete que le asegure un lugar apropiado en la cola. Puede también llamar por teléfono al 23 83 83.

¿Cuándo sale el mejor tren para ...?	**Wanneer vertrekt de beste trein naar ...?**
ida	**enkele reis**
ida y vuelta	**retour**
primera/segunda clase	**eerste/tweede klas**

URGENCIAS *(noodgeval).* Según la clase de urgencia de que se trate, le aconsejamos referirse a las diferentes rúbricas de esta misma sección tituladas CONSULADOS, ASISTENCIA MÉDICA, POLICÍA, etc. Si el tiempo apremia, diríjase al recepcionista o al personal en general del hotel o al chofer de taxi más cercano, que probablemente podrá ayudarle. El único problema puede ser el de la lengua. He aquí algunos números telefónicos útiles para asuntos urgentes:

Policía	22 22 22	ANWB (Automóvil Club de Holanda)	26 82 51
Bomberos	21 21 21		
Ambulancia	555 55 55		

Y algunas palabras para las ocasiones inesperadas:

Alto	**Halt**	Peligro	**Gevaar**
Cuidado	**Pas op**	Policía	**Politie**
Fuego	**Brand**	Socorro	**Hulp**

LOS DIAS DE LA SEMANA

lunes	**maandag**	viernes	**vrijdag**
martes	**dinsdag**	sábado	**zaterdag**
miércoles	**woensdag**	domingo	**zondag**
jueves	**donderdag**		

MESES

Enero	**Januari**	Julio	**Juli**
Febrero	**Februari**	Agosto	**Augustus**
Marzo	**Maart**	Septiembre	**September**
Abril	**April**	Octubre	**Oktober**
Mayo	**Mei**	Noviembre	**November**
Junio	**Juni**	Diciembre	**December**

NUMEROS

0	**nul**	15	**vijftien**
1	**een**	16	**zestien**
2	**twee**	17	**zeventien**
3	**drie**	18	**achttien**
4	**vier**	19	**negentien**
5	**vijf**	20	**twintig**
6	**zes**	21	**eenentwintig**
7	**zeven**	30	**dertig**
8	**acht**	40	**veertig**
9	**negen**	50	**vijftig**
10	**tien**	60	**zestig**
11	**elf**	70	**zeventig**
12	**twaalf**	80	**tachtig**
13	**dertien**	90	**negentig**
14	**veertien**	100	**honderd**

ALGUNAS EXPRESIONES UTILES

sí/no	**ja/nee**
por favor/gracias	**alstublieft/dank u**
perdone/de nada	**pardon/tot uw dienst**
dónde/cuándo/cómo	**waar/wanneer/hoe**
cuánto dura/hasta dónde	**hoelang/hoever**
ayer/hoy/mañana	**gisteren/vandaag/morgen**
día/semana/mes/año	**dag/week/maand/jaar**
izquierda/derecha	**links/rechts**
grande/pequeño	**groot/klein**
abierto/cerrado	**open/dicht**
viejo/nuevo	**oud/nieuw**
arriba/abajo	**boven/beneden**
caliente/frío	**warm/koud**
¿Habla usted español?	**Spreekt u Spaans?**
No comprendo.	**Ik begrijp het niet.**
Por favor escríbamelo aquí.	**Wilt u het opschrijven, alstublieft?**
¿Qué quiere decir esto?	**Wat betekent dit?**
Ayúdeme, por favor.	**Help mij, alstublieft.**
Consígame un médico, ¡de prisa!	**Haal een doktor – vlug!**
¿Qué hora es?	**Hoe laat is het?**
¿Cuánto es eso?	**Hoeveel kost het?**
Es urgente.	**Het is dringend.**
¡Camarero!/¡Camarera!	**Ober!/Juffrouw!**
Quisiera …	**Ik zou graag …**

Indice

Un asterisco (*) a continuación del número de una página indica una referencia a un mapa. Para encontrar fácilmente las informaciones prácticas, consulte la parte interior de la portada.

Aalsmeer *65*, 74, 90*
Aeropuerto de Schiphol *65*, 70, 86*
Afsluitdijk *20, 64*, 68, 69*
Alkmaar *15, 64*, 67–68*
Amstel (río) *13, 24*–25*, 35, 50*
Anne Frankhuis, véase Museos
Azulejos *86*

Begijnhof *24*, 33–34*
Binnenhof (La Haya) *75, 77**
Broek in Waterland *63, 65**
Broodjeswinkels, véase Tiendas de bocadillos
Buitenhof (La Haya) *75–76, 77**

Canales (gracht) *69, 75*
  Geldersekade *25*, 45*
  Groenburgwal *25*, 47*
  Herengracht *24*–25*, 26*
  Keizersgracht *24*–25*, 26–27*
  Leidsegracht *24*, 40*
  Lijnbaansgracht *24*–25**
  Oude Schans *25*, 45*
  Oudezijds Achterburgwal *25*, 45*
  Oudezijds Voorburgwal *25*, 45*
  Prinsengracht *24*–25*, 26, 28*
  Singel *24*, 26, 32*
  Singelgracht *24*, 26*
Centraal Station *25*, 43*
Centro Holandés de Arte y Artesanías (véase Nederlands Centrum voor Ambachten)
Cerveza *10, 97–98*
Comida *11, 63, 67–68, 92–97, 99*
Compañía de las Indias Orientales *17*
Compras *32, 40, 45, 48–49, 75, 83–87*

Delft (véase también Porcelana) *65*, 79–82*
Den Helder *20, 64**
Den Oever *64*, 68, 71*
Deportes *91–92*
De Ruyter, almirante *19–19, 37*
Diamantes *14, 84*
Diques (dijk) *70, 72*

Edam *65*, 63*
Emmeloord *64*, 69*
Enkhuizen *64*, 67*
Excursiones *62–82*
Excursión por los canales *26–30*

Felipe II, rey de España *14, 82*
Festivales *30, 41, 88, 90*
Folklore *43, 63, 67–68*
Friesland *64*, 68–69*

Giethoorn *69*
Ginebra *10, 86, 98*
Gracht, véase Canales
Guillermo el Taciturno *15, 16, 75, 82*

INDICE